바진의 『수상록隨想錄』과 1980년대 중국사회

감성총서 23

바진의 『수상록』과 1980년대 중국사회

인 쇄 | 2018년 6월 12일
발 행 | 2018년 6월 15일

저 자 | 이희경
발행인 | 정병석
발행처 | 전남대학교출판문화원

등록 | 1981. 5. 21. 제53호
주소 | 61186 광주광역시 북구 용봉로 77
전화 | (062) 530-0571~2 마케팅 530-0573
팩스 | (062) 530-0579
홈페이지 | http://www.cnup.co.kr
이메일 | cnup0571@hanmail.net

값 12,000원

ISBN 978-89-6849-508-3 (93810)

이 저서는 2008년 정부(교육과학기술부)의 재원으로
한국연구재단의 지원에 의한 것임(NRF-2008-361-A00006).

전남대학교 호남학연구원
감성총서 23

바진의 『수상록』과 1980년대 중국사회

— 이희경 —

전남대학교출판문화원

일러두기

1. 중국어 인명·지명은 한글 맞춤법의 외래어 표기법을 따랐으며, 해당 고유명사가 처음 나올 때 괄호 안에 한자를 병기했다.
2. 『수상록』 본문을 직접 인용한 경우는 따로 각주를 달지 않고, 인용문 다음에 (6. '독초병'), (145. '문혁' 박물관)의 식으로 표기하였다. 간접 인용하여 각주를 달 경우에는 「六, '毒草病'」, 「一四五, '文革' 博物館」으로 표기하였다.

서문

20세기 중국문단을 대표하는 작가 중 한 명인 바진(巴金)은 1904년 쓰촨성(四川省) 청두(成都)의 봉건 관료이자 지주 집안에서 태어났다. 청소년기였던 5·4운동 시기 크로포트킨, 엠마 골드만, 류스푸(劉師復) 등의 저서를 접하게 되었는데 이때부터 아나키즘은 그 평생의 정신적 지주로 자리매김하게 된다. 그가 작가로 등단하게 된 이유 역시 문학에 대한 열정 때문이라기보다는 부당한 현실에 대한 분노를 표출하고 무정부주의 사상을 선전하기 위해서였다. 바진의 작품들은 1920년대 말부터 1940년대에 이르기까지 젊은 독자층에서 상당한 공명을 일으켰다. 특히 중장편 소설들은 중국현대문학 발전에 대한 그의 기여도를 논할 때마다 빠짐없이 언급되곤 한다. 수많은 독자들에게 사랑을 받았던 대표작들로는 『멸망(滅亡)』, 『신생(新生)』, 『격류 삼부곡(激流三部曲)』, 『애정 삼부곡(愛情三部曲)』, 『휴식의 정원(憩園)』, 『차가운 밤(寒夜)』 등이 있다.

시대의 변화, 특히 사회주의 중국의 출현은 바진의 창작에도 거대한 변화를 가져왔다. 1949년 이후 그는 공식적으로 아나키스트라는 신분을 고수할 수 없었고, 자신만의 독특한 창작 스타일도 고집할 수 없었다. 이는 사회주의 정권 수립 이후 자유주의적 성향의 작가 모두가 직면한 문제였다. 작가와 예술가의 창작이 원작자의 생각이 아닌 국가가 원하는 소재와 주제를 다룰 수밖에 없는 비정상적인 상황은 1966년까지 지속되었다. 문화대혁명이 발발하자, 예술가들은 외부의 압력과 요구에 따라 작품 활동을 하는 것마저 금지당하고 창작의 권리를 철저히 박탈당하게 된다.

1976년 문화대혁명의 종결은 바진에게 새로운 기회를 가져다 주었다. 나라 전체가 경험한 역사적 재난 이후, 그는 차츰 자아를 회복하고, 다시 펜을 들어 자신과 역사에 대해 반성하기 시작한다. 이 시기 그는 더 이상 외부의 압력 혹은 타인의 의지에 의해서가 아니라 스스로의 사상과 시각으로 현실을 바라보게 된다. 바진 만년의 창작물들은 팔순을 넘긴 노작가가 상처투성이의 몸과 마음으로 조금씩 5·4지식인 정신을 회복해가는 분투의 기록이기도 하다.

문혁 종결 이후 발표된 작품으로는, '사인방(四人幇)' 타도 이후부터 1978년까지의 창작을 수록한 『바진 근작(巴金近作)』(1978년 8월, 四川人民出版社), 『바진 근작(巴金近作)』 제2집(1979년 9월, 四川人民出版社), 『창작 회고록(創作回憶錄)』(1981년 9월, 홍콩三聯書店), 1978년 말부터 1986년까지 홍콩 『대공보(大公報)』 문화란인 『대공원(大公園)』에 연재된 『수상록』[1], 『수상록』 발표 이후 8년 동안의 글을 모은 『재사록(再思錄)』(1995년, 上海遠東出版社)이 있다.

위 작품들 중 다수가 삶에 대한 작가의 마지막 열정과 역사에 대한 강한 책임감으로 완성된 것이다. 그 중에서도 『수상록』은 바진 만년 창작의 절창일 뿐 아니라, 그의 모든 창작물 중에서도 사상적 깊이가 남다른 작품이라 일컬어진다. 이 작품에서 바진은 '독립적 사고(獨立思考)'와 '진실 말하기(講眞話)'의 정신을 제창하며 현실과 역사를 대면한다. 『수상록』 집필을 통해 그는 조금씩 자신의 본래 모습을 회복하고 인생에 대한 이해를 더욱 심화시켜 간다. 이러한 독립적인 지식인 정신의 발전은 『재사록』까지 계속 이어지고 있다.

이 책은 1부와 2부로 나누어 구성되었다. 1부에서는 바진 만년의 창작을 통해 신중국 성립 이후 장기간 억압당했던 5·4 지식인 정신이 문혁 종결 이후 어떻게 회복되는지를 중점적으로 살펴보았다. 문혁 이후의 창작들, 특히 『수상록』을 꼼꼼히 분석하는 방식을 취하여 시간의 흐름과 환경의 변화에 따라 나타나는 작가 의식과 문체의 변화를 짚어보고 이로써 『수상록』이 기록하고 있는 1980년대 중국의 모습은 어떠한지, 이 시기 지식인들의 역사와 현실 인식에는 어떤 특징이 있는지 고찰해보았다.

1부 마지막 부분은 『수상록』을 영화배우 자오단(趙丹), 좌익 작가 샤옌(夏衍)의 글과 비교하며 역사와 현실을 향한 1980년대 원

1 이 작품은 연재 종료 후 1986년 홍콩 삼련서점과 인민문학출판사에서 각각 출판되었고, 합본은 1987년 8월 삼련서점에서, 그리고 이듬해인 1988년 5월 홍콩 삼련서점에서 출판되었다.

로 지식인들의 분노 표출 양상을 살펴보았다. 각기 다른 예술적 기질과 정치성향을 지닌 이들의 글을 함께 읽음으로써 서로의 사상적 차이를 확인하는 작업은 한 세대 안에 공존하는 다양성을 이해하는 데에 도움이 되리라 생각한다.

2부에서는 신중국 성립 이전에 창작된 소설 가운데 단편, 중편, 장편을 한 편씩 골라 간략한 작품 분석을 하였다. 이 작품들을 통해 바진의 전반기 창작과 『수상록』 곳곳에서 언급되는 아나키즘적 이상 및 지식인에 대한 애정을 더욱 구체적으로 이해할 수 있으리라 사료된다.

이 책을 출판함으로써 필자를 공부의 길로 접어들게 했던 작가에게 최소한의 예의를 갖추게 되어 기쁘다. 이십 여 년 전, 바진을 읽으며 중국현대문학을 이해하기 시작했는데 여전히 그의 글 속에서 많은 깨달음과 용기를 얻고 있다. 파킨슨병에 걸려 펜을 쥐는 것조차 힘겨웠던 노작가가 왼손으로 오른손을 밀어내며 한 자 한 자 써내려갔던 작품이 바로 『수상록』이다. 그의 글을 읽으며 가슴 한 켠이 아린 것은 행간에 스며있는 작가의 고뇌가 고스란히 전해지기 때문이리라. 『수상록』의 저자를 직접 만날 기회는 없었지만, 어린 한국 유학생이었던 필자와 함께 이 작품을 한 편 한 편 읽어가며 바진의 이야기를 들려주셨던 지도교수 천쓰허(陳思和) 선생님에게서 지식인 정신이 의미하는 바가 무엇인지 배울 수 있었다. 멀리서나마 진심어린 감사의 마음을 전한다.

졸고가 책으로 나오기까지 격려와 지원을 아끼지 않은 전남대학교 감성인문학 연구공동체, 공부 길에서 여러 모양으로 도움을 주신 중문과의 은사님들과 선후배들, 사랑하는 가족들……, 이분들에게 진 빚은 그 무엇으로도 갚을 수 없을 것이다. 베풀어주신 은혜를 잊지 않고 나도 그렇게 살도록 힘쓰겠다는 약속으로 고마움을 대신하고자 한다.

목차

제2부 『장생탑』, 『휴식의 정원』, 『차가운 밤』 소론

우언과 상징으로 빚은 현실
: 바진 동화집 『장생탑』의 구조와 주제 분석

『휴식의 정원(憩園)』 : 이상과 그리움의 만남

『차가운 밤(寒夜)』 등장인물 유형에 관한 짧은 고찰

제1부

『수상록』 연구

『수상록』의 출발점과 구조

80년대를 향한 첫 걸음 : 「편지 한 통」과 『수상록』 제1권

세계와 자아에 대한 재인식 : 『탐색집(探索集)』과 『진화집(眞話集)』

병마와 맞서며 : 『병중집(病中集)』

마지막 빛을 발하다 : 『무제집(無題集)』

1980년대 중국 원로지식인들의 분노 표출의 양상

: 자오단, 바진, 샤옌을 중심으로

『수상록』의 출발점과 구조

『수상록』의 출발점

문혁에 대한 반성

'문혁'의 종결은 중국인들에게 다음과 같은 공통된 질문을 남겼다. 지난 십년을 어떻게 이해할 것인가? 향후 어떤 미래를 선택할 것인가? 공산당 내부에서 발생한 '범시파(凡是派)'와 '실천파(實踐派)'[1] 간의 사상투쟁 역시 이 질문의 답을 찾기 위한 과정 가운데 하나였다. 두 파의 대립 속에서 '실천파'를 지지하는 사상계, 문예계, 그리고 민간의 지지세력들이 우후죽순처럼 성장해갔다. 1978

1 범시파는 문혁 종결 후 "무릇 마오 주석이 긍정한 것을 부정해서는 안 되며 마오 주석이 부정한 것을 긍정해서는 안된다"는 마오쩌둥 무오류론을 주장한 화궈펑(華國鋒)과 왕둥싱(王東興)이 중심이 된 공산당 내 세력을 일컫는다. 실천파는 범시파에 맞서 "실천이 진리를 검증하는 유일한 기준이라는 실천론적 입장에서 역사적 공과를 올바르게 구별하여 평가해야 한다"고 주장한 세력이다.

년 5월 11일자 『광명일보(光明日報)』는 「실천은 진리를 검증하는 유일한 기준(實踐是檢驗眞理的唯一標準)」이라는 특약평론가의 글을 발표하여 '범시파'의 주장이 마르크스주의에 부합하지 않는다고 비판하고 "일체의 사상과 이론은 반드시 실천을 통해 검증받아야 한다"고 주장했다. 이는 문혁을 평가하는 사상적 잣대를 최초로 제시한 것이자 1976년 실각한 덩샤오핑에 대한 공개적인 지지 표명이었다. 일반 시민들도 베이징 시단(西單) 민주의 벽에 대자보를 붙이며 변화를 요구하는 목소리를 높였다. 단편소설 『상흔(傷痕)』, 극본 『소리 없는 곳에서(於無聲處)』 등의 문학작품이 일으킨 반향은 새로운 시대에 대한 갈망이 얼마나 뜨거웠는지를 보여준다.

1981년 6월 27일, 중공 제11회 중앙위원회 제6차 전체회의에서 통과된 「건국이래 당의 약간의 역사문제에 관한 결의(建國以來黨的若干歷史問題的決議)」는 "'문화대혁명'이 당, 국가, 그리고 인민으로 하여금 건국이래 가장 심각한 좌절과 손실을 맞게 했으며", "'문화대혁명'의 이러한 전체적이며 장기적인 '좌'경의 심각성은 마오쩌둥 동지에게 주요한 책임이 있다"고 인정하였다. 아울러 과거 모든 국가권력이 마오 한 사람에게 집중된 현상에 대해서는 "이러한 복잡한 현상은 일정한 역사조건의 산물"로 "오래된 봉건 전제주의가 사상 면에서 남긴 독소"로 규정짓고 이러한 독소가 "당의 권력이 과도하게 개인에게 집중되고, 당 내 개인의 독단과 개인 숭배현상이 팽배하여 당과 국가로 하여금 '문화대혁명'의 발발과 발전을 방지하고 제지하기 어렵게" 하는 조건을 제공하였다고 지적했다.[2] '문혁'에 대한 당 중앙이 내린 이 같은 결론은 이후 중국사회가 '문혁'을 이해하는 주요한 사고의 틀을 제공하였다.

문혁 시기 온갖 고초를 겪은 지식인들에게도 당의 해석은 상당히 큰 의의가 있었으나, 동시에 자신의 입장에서 출발하여 문혁을 반성할 필요도 있었다. 해방 이후 지식인을 겨냥한 몇 차례의 정치운동이 있었지만, 문혁 중에 그들이 받은 탄압은 이전 운동들의 수준을 훨씬 능가하는 것이었다. 신중국 성립 이후 지식인을 겨냥한 공격은 1955년 '반후펑 집단(反胡風集團)' 운동에서부터 본격화되었다. '후펑 집단'에 대한 비판도 "지식계의 범주를 초월하여 전 인민에게 주입식 교육을 시킴으로써 대도시에서뿐만 아니라 전국적인 범위 내에서 시행하도록"[3] 했지만, 당시 비판 대상은 특정 범주에 속한 사람들, 곧 후펑과 그 동료들에 국한되었다. 이 범주에 속하지 않기만 하면 비판의 칼날을 충분히 피할 수 있었다.

1957년 '반우파' 운동은 이전에 있었던 여러 차례의 사상개조 형식을 모방하여 진행되긴 했으나, 비판의 강도가 더욱 강해졌고 그 범위도 훨씬 넓어졌다. 매 단웨이(單位)[4]마다 반드시 5%의 우

---

2 「中國共産黨中央委員會關於建國以來黨的若干歷史問題的決議」, 『三中全會以來重要文獻選集』 下, 人民出版社, 1982, 788-846쪽.

3 [美]R.麥克法夸爾, 費正淸編, 『劍橋中華人民共和國史』, 中國社會科學出版社, 1994, 252쪽.

4 단웨이는 일반적 용법으로는 '소속된 직장'을 가리키지만, 개혁개방 이전 사회주의체제하 국유기업에서 일하는 도시노동자들에게는 단순히 일자리라는 의미를 넘어 주택 할당, 육아 및 교육, 의료와 양로를 책임지는 사회적·경제적 삶의 중심이었다. 이처럼 단웨이에 절대적으로 의존할 수밖에 없는

파분자를 색출해야 했기 때문에 결과적으로 약 40만에서 70만에 이르는 지식인들이 소속 단웨이에서 쫓겨나 농촌이나 공장으로 하방당하여 노동개조에 참여해야 했다.[5] 이때부터 비판의 대상이 된 사람들과 그렇지 않은 사람들 사이의 정치적 성향을 구분 짓는 것은 사실상 불가능해졌다. 상황이 상당히 악화되긴 했으나, '반우파' 운동 당시 공산당은 지식인에게 타협의 여지를 남겨두었다. 비록 모두에게 적용되는 것은 아니었지만, 정부의 제시안을 적극적으로 받아들이는 일부 인사들에게는 '반우파' 투쟁의 폭풍을 피해갈 수 있게 해준 것이다.

잡문가(『新民晩報』의 편집장이었던 자오차오거우(趙超構)를 가리킴—필자)의 당시 처지는 더 나빴다. 그 며칠 간 그의 얼굴에서 미소라고는 찾아볼 수 없었기에 무척 걱정이 되었으나 그의 상황이 어떤지 물어볼 수도 없었다. 베이징에 있는 내가 상하이의 석간신문을 볼 수 없었기 때문이다. 그러나 이틀이 지나자 그의 웃음소리를 들을 수 있었다. 알고 보니 그는 자아반성의 글을 한 편 쓰라는 암시를 받고 밤에도 상하이로 시외전화를 걸어 석간신문에 발표를 했다는 것이다. 반성문이 양해를 얻게 되고 그의 태도는 칭찬을 받아 그

도시노동자들에게 단웨이에서의 축출은 사회적 죽음을 의미했기에 이를 통한 정치적 통제에 절대적으로 복종해야 했다. 1990년대 국유기업 개혁과정에서 단웨이를 중심으로 한 도시의 사회경제시스템은 해체되었다. 이창휘·박민희 엮음, 『중국을 인터뷰하다』, 창비, 2013, 401쪽 용어해설 참조.

5 [美]R.麥克法夸爾, 費正淸編, 『劍橋中華人民共和國史』, 中國社會科學出版社, 1994, 271쪽.

역시 마음을 놓게 되었다. 한 고비를 넘긴 것이다. (125 '긴고아(緊箍兒: 손오공의 머리테) 주문')

하지만 문혁에 이르러서는 이처럼 희박한 타협의 여지마저 자취를 감추게 된다. 어느 지식인이 당의 입장을 적극적으로 지지하느냐 마느냐의 차원을 넘어 지식계 전체가 철저하게 부정하고 타도해야 할 적으로 규정된 것이다. 라오서(老舍), 예이췬(葉以群), 푸레이(傅雷) 등 저명 문인들의 연이은 자살은 문혁 시기 막다른 궁지에 몰린 지식인들의 절망을 상징한다. 문혁의 시작을 알리는 「5·16 통지」는 문혁의 목표를 제시하면서 기존의 지식계를 철저히 타파할 것을 명시하고 있다.

학술계, 교육계, 출판계의 자산계급 반동사상을 철저히 비판하고, 이 문화영역의 영도권을 쟁취한다. 동시에 당, 정부, 군대와 문화영역 각계에 잠입한 자본계급의 대표적 인물들을 반드시 비판하여 제거하고, 어떤 이들은 그들의 직무 위치에서 이동시켜야 한다.

신중국 성립부터 문혁 종결에 이르는 시간적 배경을 놓고 볼 때, 바진의 경험은 해방 이후 중국지식인의 전형이라 할 수 있다. 그는 후펑처럼 완고하게 자신의 입장을 견지하지 않았고, 대다수 지식인들과 마찬가지로 기본적으로 정부의 노선을 따르다가 '문혁'때에야 타도의 대상이 되었다. 하지만 문혁 이후 바진의 길은 전혀 전형적이지 않다. 이전의 방식에서 벗어나 자신의 사상과 언어를 회복하기 시작한 것이다. 문혁이 중국 지식계에 미친 타격이 형용할 수 없을 정도였음에도 불구하고 바진과 비슷한 경험을 했던 원로지식인들 가운데 80년대 사상해방운동에 적극적으로 참여한 사람들은 많지 않다. 많은 이들이 여전히 보수적인 태도를 보인 이유는 그것이 언제 다시 불어 닥칠지 모를 정치풍파를 피할 수 있는 안전하고 현명한 선택이라 여겼기 때문이다. 그들에게 있어 문혁의 종결은 지식인이 정부의 조종에서 벗어나 자신의 길을 선택하는 것을 의미하진 않았다.

바진이 이런 보수적인 원로지식인의 입장에서 분리되어 나와 사상해방과 자기 참회의 길을 가게 된 이유는 무엇일까? '자유와 평등'이 실현될 세상을 꿈꾸던 아나키스트 바진에게 중국 공산혁명의 성공은 애당초 희소식이 아니었다. 소비에트 러시아 정부가 아나키스트들을 어떻게 핍박했는지 잘 알고 있었기 때문이다. 1918년-1921년에 걸친 러시아 내전에서 아나키스트들은 볼셰비키정권에 협조하여 백군과의 전투에 동참하나, 내전종결 후 볼셰비키의 정치적 탄압에 부딪친다. 우크라이나의 아나키스트였던 마흐노의 부관들은 사살되었고, 마흐노 자신은 루마니아, 폴란드 등지를 거쳐 파리에 망명하여 불행한 말년을 보냈다.[6] 소련비밀정보기관 체카는 전국적으로 아나키스트 조직을 공격하여 대부분의 지도자들을 투옥시켰다. 레닌에게 이러한 정치적 탄압의 부당성

6 자세한 내용은 죠지 우드코크, 『아나키즘—자유인의 사상과 운동의 역사(운동편)』, 형설출판사, 1989, 201쪽 참조.

을 지적했던 저명한 아나키즘 이론가인 크로포트킨은 개인적 박해를 받진 않았으나, 여생을 시골의 허름한 가옥에서 보내야 했다.[7] 1921년 크론슈타드 항쟁이후 정치탄압은 더욱 노골화되었고, 이에 대한 국내외 아나키스트의 반발이 심해지자 레닌은 해외망명을 조건으로 아나키스트 수감자들을 석방하게 된다. 이렇듯 러시아 아나키스트들은 무산계급혁명기간 중의 희생, 볼셰비키에 의한 배반, 망명 등의 과정을 거치며 점차 몰락해갔다. 공산당과 아나키즘과의 불화를 누구보다도 잘 알고 있음에도 불구하고 바진이 공산화된 조국을 떠나지 않은 것은, 아나키즘과 유사한 면이 있는 공산주의 체제 속에 남는 것이 국민당 통치 하의 타이완이나 다른 자본주의 국가로 떠나는 것보다 나으리라는 실낱같은 희망 때문이었다.

하지만 아나키즘적 이상을 견지할 수도, 독립적 사고에 근거한 창작활동을 전개할 수도 없는 상황에서 바진에게 남아있는 선택은 공산당의 영도에 따르는 것뿐이었다. 그리고 수십 년간 그 영도를 충실히 따른 결과 직면한 것은, 인민들의 기본적인 생활권도 보장되지 않고 지식인의 사회적 양심도 제대로 발휘될 수 없는 비참한 현실이었다. 『수상록』은 역사적 재난인 문혁을 반성하고 지식인의 형상을 회복하기 위해 바진이 선택한 문학적 도구이자 실천이라 할 수 있다.

7 표트르 크로포트킨 지음, 김유곤 옮김, 『크로프트킨 자서전』, 우물이 있는 집, 2014, 532-537쪽.

아내 샤오산(蕭珊)의 죽음은 문혁이 바진에게 안겨준 가장 큰 고통이자 그가 개인적인 입장에서 문혁을 되돌아보게 된 이유이다. "그의 삶에 등장한 첫 번째이자 유일한 여성"[8]이었던 샤오산은 바진이 십년의 재난을 견뎌나갈 수 있도록 끊임없이 위로하고 격려해준 사람이었다. "자신을 보전하고 가족들이 자신과 함께 지옥에 떨어지지 않게 하려고" 줴신(覺新)[9]처럼 자기의 신념과 행복을 포기한 바진에게 그녀의 죽음은 견디기 힘든 충격으로 남게 된다. 가장 사랑하는 사람조차 지킬 수 없었던 비극적 경험과 그로 인한 마음의 상처는 문혁에 대한 반성 속에 깊이 자리 잡고 있다.

유서로서의 『수상록』

문혁에 대한 반성 외에 『수상록』의 또 다른 출발점은 '죽음'에 대한 준비이다. 일흔을 훌쩍 넘긴 노인이 되어 다시 펜을 잡게 된 바진은 『수상록』 집필 초기부터 나이를 의식하고 남아있는 시간을 낭비하지 않겠다는 결심을 반복한다. 외부적인 요인으로 긴 시간을 허비하고 난 후 그는 자신이 인생의 마지막 단계에 이르렀음을 발견한다. 이 발견은 바진으로 하여금 두 가지 생각을 품게 한다. 하나는 스스로의 인생을 총결 지을만한 작품을 써야겠다는 것이고, 다른 하나는 생명이 다하기 전에 내면의 진실된 생각을 양

8 陳思和, 『人格的發展 — 巴金傳』, 上海人民出版社, 1992, 194쪽.

9 줴신은 바진의 장편소설 『격류 삼부곡』의 등장인물로, 가족들의 안전과 행복을 위해 자기의 모든 것을 희생하지만 결과적으로 행복을 얻지 못하고 가족은 물론 자신마저도 잃고 마는 비극적 인물이다.

껏 표현하겠다는 것이다. 바진이 말한 5년 계획은 바로 지나온 인생을 회고하고 총결하는 것이다. 『수상록』에서 작가는 '총결'이라는 표현을 자주 사용하는데 이는 자연스레 죽음을 연상시킨다.

> 더욱 중요한 것은 '십 년 재난'을 총결하는 것이다. …… 계속 『수상록』을 써서 우리 세대 작가가 후세인들에게 남기는 '유언'으로 삼을 것이다. (『탐색집』 후기)
>
> 오로지 과거 십 년의 고난에 찬 삶에 총결을 지어야만, 심령의 빚을 다 갚는 것이다. (36. 강아지 포티)
>
> 나는 '수상' 가운데 항상 빚을 졌다고 언급했다. 왜냐하면 이 다섯 권의 『수상록』을 내 일생의 총결산으로 여기기 때문이다. (『무제집』 후기)

실제로 노작가는 자신이 죽음에 가까워졌다는 사실을 끊임없이 언급한다.

> 내가 죽음에 가까워지기 시작했음을 느낀다. 독자들에게 진실을 말하고 싶다. (『수상록』 제1집 후기)
>
> 넌 죽음을 향해 가고 있어. 그럼 어떻게 할 건가? (35. 거울)
>
> 나는 봄누에다. 뽕잎을 먹고 명주실을 토해낸다. 비록 가마솥에 던져져 삶아지더라도 토해 놓은 실은 죽어서도 끊이지 않을 것이니 세상에 조금이나마 따스함을 전하기 위함이다. (42. 봄누에)
>
> 나는 죽음을 향해 가고 있다. 그래서 십년의 재난은 내 눈 앞에서 이미 모든 잔혹함과 공포의 힘을 잃어버렸다. …… (죽음을 향한) 나의 걸음걸이가 늦어 중도에서 배회할 수도 있고, 심지어 사신과

> 경주를 하겠노라고 오만하게 말하기도 한다. (56. "두려울 것이 없다")
>
> 78세의 노인인 나는 내 앞에 '죽음'이 서있음을 알고 있다. (74. 『회념집』 서문)

이처럼 자신과 죽음의 거리가 멀지 않음을 강조하는 데에는 두 가지 의미가 있다. 하나는 스스로를 부단히 각성시켜 창작에 매진하도록 하는 것이다.

> 성실하게 집에 들어앉아 글을 쓰고 또 쓰는 것이 그나마 낫다. 이것이 내가 자신에게 내린 결론이다. (35. 거울)

창작의 권리를 빼앗겼던 십년의 시간이 흐른 후 바진은 글쓰기를 통해서만 그의 가장 소중한 사상을 표현해낼 수 있으며 사람들에게 자기의 가치를 증명할 수 있음을 절실히 깨닫게 되었다. 그래서 시간을 낭비하지 않도록 순간순간 자신을 각성시키고 눈앞의 기회를 최대한 이용하여 후대에 가치 있는 작품을 남기고자 한 것이다.

죽음에 대한 강조의 또 다른 의미는 외부세계의 간섭과 억압에 대처하는 상징적 표현이라는 점이다. 『수상록』 집필 초부터 죽음에 가까웠다고 말하기는 했지만, 바진이 자기에게 죽음의 그림자가 드리워졌음을 본격적으로 감지하게 된 것은 1982년 5월 이후의 일이다. 오른쪽 등의 종양 제거 수술을 한 후에야 장기 입원생활을 하는 진정한 '환자'의 상태에 접어들었기 때문이다. 그렇다면 어째서 바진은 1978년 말부터 줄곧 '죽음'과 '질병'을 언급한 것일까? 이 질문의 답을 찾기 위해 그가 '죽음'을 언급한 후 등장시키는 사건이나 주제에 주의를 기울일 필요가 있다.

> 그(자오단趙丹)와 마찬가지로 나 역시 죽음으로 향하는 길에 서 있으나, 인민에 대한 뜨거운 사랑과 문예사업에 대한 믿음으로 충만하다. …… 그들(독자와 후대인들)은 결코 거짓말하는 사기꾼을 용인하지 않을 것이다. 그렇다면 내가 자오단 동지의 유언인 "너무 구체적으로 관여하면 문예는 희망이 없다"는 말에 동의함을 솔직하게 인정하게 해 달라. (56. "두려울 것이 없다")

바진은 총 세 편의 글을 써 자오단의 죽음과 그의 발언을 조명하고 있다. 그러나 이 글들 속에서 그가 진정으로 말하고자 하는 것은 자오단의 죽음도, 자신의 쇠약함도 아닌 수십 년간 이어온 관방의 잘못된 문예정책이었다.

자신이 중요하다고 여기는 주제를 논하기 전 바진은 반드시 '죽음'과 '질병'에 대해 먼저 언급한다. 「86. 생각의 방향」 역시 이런 서술방식이 그대로 적용된 대표적인 예이다.

> 나는 이것이 전혀 유쾌하지 않은 사실임을 인정하지 않을 수 없다. 나는 노쇠의 길 위에서 기를 쓰며 달리고 있다. …… 열 몇 살 때 소설 『설악전전(說岳全傳: 송나라 충신 악비를 주인공으로 한 청대 소설)』을 읽기 시작한 때부터 풀어야할 문제가 생겼다. 진회(秦檜)는 어떻게 그토록 큰 권력을 갖게 되었을까? ……현재 이 답은 이미 모든 사람

> 들이 다 알게 되었다. 이번에 항주에서 서호의 풍경을 소개하는 프로그램을 보았는데, 해설자가 악비묘를 소개하면서 풍파옥의 죄인들을 언급할 때 진회의 앞에 송고종의 이름이 더해졌다. 이것이 바로 정확한 답이다.

이 글에서 노작가는 자신의 노쇠함을 먼저 언급하고 그 후에 평범한 사실에서 출발하여 궁극적으로 강조하고자 하는 문제로 차근차근 접근한다. 마지막에 우리는 그가 강조하는 바가 그의 노쇠함도, 어린 시절의 독서 경험도, 남송 조정의 부패도 아닌 문혁을 일으킨 최고 지도자의 역사적 책임이란 점을 알게 된다. 이로 미루어 바진이 언급하는 '죽음'은 첨예한 문제에 접근하기 전의 일종의 준비과정임을 알 수 있다. 자기의 글이 죽음을 앞둔 자의 솔직한 심정임을 밝히는 동시에 민감한 이슈를 논한 이후 야기될 시시비비에 더 이상 신경 쓰지 않겠다는 의지를 드러내는 것이다. 그는 갈수록 쇠약해지는 노인의 모습을 통해 죽을 날이 머지않은 자신이 외부의 압력과 권력의 위협을 두려워하지 않음을 암시하고 있다. 그리하여 현재의 자신은 "사람이 죽을 날이 가까우면 그 말이 선해진다"는 옛 말처럼 다른 사람을 속이거나 권력에 영합하려는 의도가 없으며 그저 마음속 이야기를 충분히 토해냄으로써 후대에 진실한 유언을 남기고자 함을 보여주고 있다. 이것이 그가 말한 '죽음'의 또 다른 의미이다.

『수상록』의 구조

『수상록』은 표면적으로는 개방적인 구조를 가진 작품으로 작가가 언급한 문제와 사상은 기본적으로 당시의 시대정신과 동보를 이루고 있다. 바진은 사회 현상 혹은 이슈 중에서 『수상록』의 제재를 취한다. 예를 들어, '칭송(歌德)'과 '부덕(缺德)' 문제, 사기꾼의 출현, 지식인 대우 문제, 관료들의 부정부패 등은 모두 당시 대중의 이목을 집중시켰던 사회 문제였다. 『수상록』은 처음부터 그때그때의 생각을 자유로이 이야기하겠다는 의도로 썼던 작품이다. 따라서 이 작품을 현실사회와 분리시켜 보는 것은 거의 불가능하다. 그 가운데 개인의 감정 혹은 당시의 사회 분위기와 큰 관련이 없는 글들도 있지만, 대부분의 주요한 제재는 모두 사회로부터 얻은 것이며 이 점이 바로 『수상록』으로 하여금 남다른 현장감을 갖도록 하였다.

『수상록』은 작가와 현실사회의 교류 가운데 탄생하고 성장한 작품이다. 그러나 이 작품의 개방성이 바진의 견해가 100% 진솔하고 꾸밈없음을 보장하는 것은 아니다. 그 중 많은 부분이 비교적 모호하여 작가의 본래 의도를 추측하기 어렵기 때문이다. 여러 사건들과 생각들이 베일에 가린 듯 애매하게 서술되어 있으나 작가가 그것들을 논의하길 원하지 않는 것은 아니다. 사회, 정치적인 분위기가 특정 사건이나 인물에 대한 직접적인 논의를 허락하지 않는 경우, 노작가는 완곡한 표현을 쓰던가 아니면 짧게 언급한 후 바로 화제를 바꾸곤 한다. 바진은 자신이 비워 둔 공간 속으로 독자들이 직접 들어와 작가의 속내를 눈치채주길 바란다. 개인적 친분이 없는 후평분자 장만타오(張萬濤)에 대한 글은 1982년 3월에 썼으나 반후펑 운동의 중심인물인 후펑에 대한 회고는 1986년 8월에 발표한 『수상록』의 마지막 글로 밀어둔 것, 톨스토이 만년에 대한 장편의 글을 써 그를 변호하면서도 톨스토이의 절친한 벗이자 자신의 사상적 지주인 크로포트킨에 관하여는 1930년 그의 자서전을 번역했다는 언급만 하는 점 등은 노작가 성격의 한 단면과 그 내면에 침전되어 있는 두려움을 엿볼 수 있게 한다. 그와 동시에 독자들은 지식인의 양심과 개인의 생존본능 사이에서 갈등하는 한 노인의 모습을 발견한다.

이런 서술방식이 지나치게 조심스럽다는 인상을 풍길 수는 있으나, 그렇다고 해서 그가 문혁 이전처럼 정부의 이데올로기에 순응한 것은 결코 아니다. 바진이 제창한 '진실'은 작가가 정부의 '담론'을 벗어나 자신의 '말'을 회복한다는 뜻이다. 현실생활 속에서 화제를 찾는 서술방식은 『수상록』으로 하여금 극단적 자유방임주의와 거리를 두면서, 첨예한 시대정신을 유지하도록 하였다. 이 때문에 전에 금지되었던 사건이나 인물에 대한 논의가 허락되면 바진은 바로 가슴속에 묻어둔 말들을 풀어놓았던 것이다. 여러 편의 회고성 글들은 당시의 정치적 명예회복과 시기를 같이하고 있다. 재미있는 것은 이 법칙을 통해 독자들이 1980년대 중국의 사회상황, 특히 작가가 논의를 피하는 문제들과 관련된 당 중앙의 태도를 짐작할 수 있다는 점이다. 작가의 '현실생활 속에서 화제 찾기'는 부지불식간에 독자들에게 역사적인 정보를 제공해주고 있다. 여러 소극적인 요소들이 존재하긴 하나, 이 같은 서술이 독자로 하여금 상상력을 발휘할 여지를 남겨주는 것도 사실이다.

『수상록』의 기본 구조는 다음과 같이 요약할 수 있다. 작가가 현실사회와의 소통에서 얻은 제재들을 개인의 영역으로 흡수한 후 그것들에 대한 탐색을 실시하여 보다 심도 있는 사상적 결론을 도출한다. 다른 사람들이 언급했던, 혹은 이미 사회문제가 된 현상들을 제재로 하여 내면의 사고를 거친 후 다시 그 사고의 결과물들을 사회에 공개하는 것이다. 필자는 이러한 『수상록』의 구조를 '반향적 구조'라고 일컫고자 한다.

그렇다면 작가가 이 독특한 구조를 선택한 이유는 무엇일까? 해방 이후의 당 중심적 창작활동과 문혁 십년의 부득이한 절필은 바진으로 하여금 독자와의 교류 회복을 간절히 고대하도록 만들었다.

> 그 시절(1930년대) 나는 독신이었고 몸도 건강했으며 시간도 많았기 때문에 글을 적잖이 썼는데, 그래도 독자들에게 부칠 답장들을 쓸 충분한 시간과 정력이 있었다. 훗날, 특히 해방 이후에는 일이 많아지기 시작했고 게다가 항상 밖으로 나돌아야 했기 때문에 샤오산에게 독자들의 편지와 원고를 처리해 주도록 위탁하는 수밖에 없었다. 비록 무척 죄송한 생각이 들었지만, 어쩔 수 없는 일이었다.
>
> 독자들을 떠나 내가 무엇을 할 수 있을까? 어떻게 내가 하는 일이

맞았는지 틀렸는지 알 수 있겠는가? …… 나는 독자들에게 마음을 건네주었다. (10. 독자에게 건넨 마음)

문혁 종결 이후, 사회문제를 이야기하는 것은 독자와의 교류를 회복하는 좋은 방법이었다. 그러나 더욱 중요한 사실은 바진이 이 '열린' 텍스트를 통해 독자들에게 자신의 사고 과정과 그 결과를 고스란히 드러낸 것이었다. 게다가 이 '개방성'의 원칙에 따라 어떤 독자들은 『수상록』의 집필에 직접 참여할 수 있었다. 온 나라가 돈벌이와 출세에 눈이 먼 지금, 어떻게 해야 진정한 이상을 찾을 수 있냐고 물어 온 열 명의 장수성(江蘇省) 초등학생들이 대표적인 예이다.[10] 바진은 보통 사람들의 이야기를 자세히 경청한 후 자신의 생각을 들려주는 작가이다. 편지를 제외한다면, 이러한 '열린' 텍스트야말로 바진이 기대했던 독자와의 친밀한 교류를 가능케 할 최적의 방법이었을 것이다. 파킨슨병에 걸려 "왼손으로 오른손을 밀면서" 글을 쓰는[11] 노작가에게 있어 사회의 공통된 화제에 직접 참여하여 자신의 생각을 나누는 것은 독자와의 소통에 가장 적합한 방식이었다.

「35. 거울」은 『수상록』의 반향적 구조를 명확하게 체현하고 있다. 이는 1979년의 마지막 글이자, 바진이 『수상록』을 집필한 일 년이라는 시간을 회고하는 글이다. 1979년 한 해 동안 발표된 일

10 「一二九, '尋找理想'」

11 陳思和, 『巴金研究的回顧與瞻望』, 天津教育出版社, 1991, 206쪽.

련의 문학작품들은 수많은 논쟁을 야기했다. 바이화(白樺)의 『고통스런 사랑(苦戀)』, 왕징(王靖)의 『사회의 당안 중에서(在社會的檔案裏)』, 리커웨이(李克威)의 『여도적(女賊)』, 사예신(沙葉新)의 『만약 내가 진짜라면(假如我是眞的)』, 류커(劉克)의 『페이톈(飛天)』 등이 모두 사회적으로 대단한 반향을 일으켰다. 이 작품들의 공통점은 당시의 첨예한 사회 문제들, 예를 들어, 신중국 성립 이후 지식인들의 불행한 처지, 문혁 중에 사람들이 당한 신체적·정신적 모욕, 당 간부의 부정한 기풍 등을 폭로했다는 점이다. 대다수 인민들이 이 같은 문제들의 심각성을 피부로 느끼고 있었기 때문에 현실생활을 반영한 문학작품들은 독자들의 열렬한 지지와 환영을 받았다.

> 『영화 창작』의 한 동지의 소개에 의하면 『사회의 당안 중에서』가 발표된 후, 이 잡지는 매진이 되었다고 한다. 독자들로부터 수백 통의 편지가 쇄도했는데, 그 가운데 90% 이상이 작품에 대해 긍정적인 태도를 보였으며, 아울러 열렬히 칭송했다고 한다.[12]

그러나 당 중앙의 태도가 일반 인민들과 꼭 일치하는 것은 아니었다. 1979년 4월 19일자 인민일보 사설은 “사회주의 국가로 현대화를 실현하기 위해서는” “사회주의 노선, 무산계급 전제정치, 공산당의 영도, 마르크스 레닌주의와 마오쩌둥 주의”의 4가지 기

12 藝軍, 「『在社會的檔案裏』四題」, 北京市文聯硏究部編, 『爭鳴作品選編』 第1輯, 1981, 153쪽.

본원칙을 견지해야 한다고 주장했다. 이 사설은 일련의 사회현상을 부정적으로 기술함으로써 4가지 기본원칙 견지의 필요성을 강조하였다.

> 우리는 현실사회 가운데 극소수의 적대시와 사회주의 현대화 건설을 파괴하는 반혁명분자 및 형사범죄자들이 확실히 존재함을 보아야 할 뿐 아니라, 이데올로기 영역 계급투쟁의 존재를 보아야 하고, 두 가지 사상이 청년들을 쟁탈하려는 모습을 보아야 하며, 국제교류의 확대에 따라 자산계급 사상과 생활방식의 영향 또한 증가함을 보아야 하고, 사회에 언제나 존재하는 회의(懷疑)를 전파하는 극소수인과 상술한 4가지 기본원칙을 반대하는 사조가 있음을 보아야 한다. …… 인민 내부에 속하는 커다란 모순들은 사상정치 공작을 강화함으로써 해결해야 한다.[13]

정부는 위의 원칙에 근거하여 문학작품의 가치를 가늠하였다. 그 때문에 현실 문제를 폭로한 작품들은 정부의 비판을 면하기 어려웠다.

> 어떤 작품은, 예를 들어 군인 작가 바이화 동지가 창작한 영화문학극본『고통스런 사랑』은 4가지 기본원칙을 위반했을 뿐 아니라, 실제로 애국주의까지 부인하는 경지에 이르렀다.[14]

13 「四化需要强有力的思想政治工作」, 『人民日報』 1979년 4월 9일, 제1면.

14 『解放軍報』特約評論員, 「四項基本原則不容違反 — 評電影文學劇本『苦戀』」, 北京市文聯硏究部編, 『爭鳴作品選編』 第1輯, 1981, 65쪽.

영화문학극본『고통스런 사랑』 전편을 전면적으로 보았는데, 이 작품이 독자에게 남긴 가장 강렬한 인상은, 조국을 비난하고 파기하는 저주의 글이며, 민족의 자존심을 완전히 상실하고 애국주의적 감정이라고는 전혀 없는 도전적인 '영화시'라는 것이다.[15]

극본(『사회의 당안 중에서』)을 보고 난 후 받은 더욱 깊은 인상은 보기만 해도 몸서리쳐지는 추악한 것들이다. …… 전체 작품의 분위기는 의기소침하며 심지어 모종의 절망적인 정서를 띠고 있다. 작품은 출로에 대해 쓰거나 암시하지 않았다. 이런 암담한 정서가 격려와 분발의 효과를 일으킬 수 없음은 당연하다.[16]

극본(『만약 내가 진짜라면』)은 완전히 간부들의 부정한 기풍이 (사기꾼의 등장을) 조성한 것으로 귀결 지었고, 이로 인해 사기꾼에 대한 동정심을 더하였다. 이러한 점은 이 극본의 성공적이지 못한 부분이다.[17]

문화대혁명 십 년의 재난은 확실히 사회생활에 거대한 파괴를 가져왔다. 그러나 그 시기에도 전체 사회의 환경이 온통 어두웠던 것은 결코 아니다. 린뱌오와 '사인방'에 대해 우리 당과 광대한 인민 군중이 행한 격렬한 투쟁 속에서 사회주의의 대지에는 여전히 광명이 비추었고 희망이 나타났다. …… 소설이 찬양의 논조로 묘사한 탕(唐) 스님, 하이리즈(海離子), 그리고 페이톈(飛天)이 조성한 황래사(黃來寺: 소설 『페이톈』의 배경이 되는 절)라는 작은 사회는 '함께 한 솥

15 黃鋼, 「這是甚麽樣的'電影詩'?」, 北京市文聯硏究部編, 『爭鳴作品選編』 第1輯, 1981, 93쪽.

16 藝軍, 「『在社會的檔案裏』四題」, 北京市文聯硏究部編, 『爭鳴作品選編』 第1輯, 1981, 153쪽.

17 胡耀邦, 「在劇本創作座談會上的講話」, 『三中全會以來主要文獻選編』 上, 人民出版社, 1982, 374쪽.

> 밥을 먹고, 한 방에 거하며, 돈이 생기면 함께 쓰고, 옷이 생기면 함께 입는' 곳이나, 일종의 무정부주의와 평등주의를 특징으로 하는 소자산계급의 이상적 왕국에 지나지 않고, 종교적 색채를 띠는 유토피아에 불과하다. 이런 구태의연한 것들을 사회주의시대 사회생활의 유일한 '밝은 면'으로 여기고 전체사회를 어두움으로 반면화했는데, 사회의 거짓된 추악함이 마침내 황래사의 진선미를 삼켜버림을 통해 이런 종류의 반면적 묘사를 더욱 강화시켰다. 이러한 예술창조는 진지하고 정확하다고 할 수 없다.[18]

위와 같은 관방의 신랄한 비판은 현실생활을 반영한 문학작품들이 당시 얼마나 큰 반향을 일으켰는지에 대한 반증이기도 하다.

「35. 거울」에서 바진은 상술한 현실 상황을 직접적으로 거론하지 않는다. 또한 현실을 폭로한 문학작품들에 대한 자신의 관점도 노골적으로 드러내지 않는다. 그는 일상생활 중의 지극히 평범한 행위인 '거울에 비춰보기'에서 출발하여 자기를 이야기함으로써 위에서 인용한 비판에 대한 생각들을 암시한다. 고희가 지난 노작가는 거울을 들여다볼 때마다 "초췌하고 노쇠하며 주름이 많은" 자신을 발견하고 몹시 우울해진다. 그러나 '거울'이 알려주는 사실과는 달리 어떤 사람들은 그에게 "변한 게 없으십니다. 굉장히 정정하신대요"라고 말하거나 "회춘하시네요"하고 찬양한다. 이런 듣기 좋은 말들이 그를 기쁘게 하여 심지어는 "거울에 비춰봐야

18 燕翰, 「不要離開社會主義的堅實大地 — 評中篇小說『飛天』」, 北京市文聯研究部編, 『爭鳴作品選編』 第1輯, 1981, 470-471쪽.

할" 필요조차 느끼지 않게 되었으며, 그 자신도 점점 "젊음을 되찾음"을 믿게 되어 창작과 관련 없는 여러 사회활동에 적극적으로 참여하게 되었다. 하지만 어느 날, 자신의 몸이 갖가지 질병에 의해 하루가 다르게 망가지고 있음을 발견한다. 그제야 비로소 다시 거울 앞에 서야할 필요를 느끼고 거울이 자신에게 알려주는 진상을 받아들여함을 깨닫는다. 마지막으로 바진이 내린 결론은 사회 명사가 되지도 말고 각종 행사에 참가하지도 말며, 그저 "성실하게 집에 들어앉아 자신의 글을 쓰는" 것이었다.

바진은 '거울 비춰보기'라는 상징을 통해 자기의 진짜 모습을 정확히 보고 받아들여야만 현실적으로 가치 있는 사실을 발견할 수 있다고 설명한다. 그가 자신의 경험과 느낌만을 이야기했더라도 1979년 문단의 상황과 연결 지어 본다면, 이 글이 내포하는 진의를 찾기란 어렵지 않을 것이다. 바로 '거울'처럼 사회의 어두운 면 혹은 심각한 병폐를 반영한 현실주의 문학작품이 사회에게 가져다주는 것은 절망이나 수치심이 아닌 역사와 현실에 대한 바른 인식이라는 것이다. 한 사람과 한 사회가 올바른 미래를 선택하고자 한다면, 그리고 전체 사회가 진정한 의미의 발전을 이루고자 한다면 실제 상황에 대한 바른 이해가 선행되어야 한다. 그러므로 자신의 상황과 사회문제의 진상을 인식하는 것을 두려워할 필요가 없다. 결국 듣기 좋은 찬양과 현실을 회피하는 사상들은 발전의 길을 막아버리는 마취제 역할을 할 뿐이다. 이 글에서 바진은 현실주의 문학작품에 대해 직접적인 찬성 의사를 밝히진 않으나,

자아해부의 방식을 통해 이 작품들의 가치와 중요성을 암암리에 강조하고 있다.

바진은 자신의 주장들이 당시 사회에서 어떻게 받아들여지고 있는가에 대해서도 언급하고 있다.

> 최근 들리는 말에 의하면 어떤 사람들이 나를 두고 '사상이 복잡하다'라고 말한다고 한다. (45. 주입과 선전(탐색 5))
>
> 유명한 잡문가인 한 친구는 편지에 "자신이 과거에 진리라고 여겼던 거짓말에 대해 나는 잘못을 인정하고 싶지 않네. 자네도 그 때문에 스스로를 괴롭히지 않길 바라네. …… 이후에 자기가 그런 류의 글을 다시 쓰지 않을 것이라고 누가 보장하겠는가? …… 그런 보증수표는 끊지 못하겠네"라고 썼다. (79. 진실 말하기를 세 번째로 이야기하다)

바진과 관계가 친밀했던 일부 지식인들은 그의 참회 속에서 자신의 모습을 보았을 것이다. 그래서 한편으로는 작가의 용기에 탄복하면서도 다른 한편으로는 선택의 여지가 없었던 지난날을 되돌아보면서 스스로를 너무 괴롭히지 말라고 권하고 있다. 바진은 친구들의 충고와 끊임없이 들려오는 불안한 소식 역시 사회적 반향으로 간주한다. 그리고 다시 자신이 내린 결론을 지면에 실어 공개한다.

> 실은 나도 '사상이 단순'했던 적이 있었다. 사상이 복잡해지면 사람들은 쉽게 신의 면전에서 정성스레 절을 하지 않는다. …… 나는

항상 이렇게 믿는다. 인류 역사의 발전 방향은 늘 단순함에서 복잡함으로 향하는 것이지, 복잡함에서 단순함으로 향하지 않는다고 말이다. (45. 주입과 선전(탐색 5))

나 역시 "당시에는 용기가 없었"지만 이후에는 과연 용기가 생길지? 그는 아주 솔직하게 "그런 보증수표는 끊지 못하겠다"고 말했다. 나라고 끊을 수 있단 말인가? 그 친구처럼 솔직하게 인정하면 스스로를 괴롭히지 않을 수 있단 말인가? 나는 할 수 없다. 그도 역시 할 수 없을 것이다. (79. 진실 말하기를 세 번째로 이야기하다)

독자와 사회의 반응을 수용하고 거기에 반응하면서 『수상록』의 내용은 점점 더 풍부해져간다. 크고 작은 공감대를 이루는 제재를 이용하여 그 이면의 본질적인 문제를 논하고 거기에 대한 또 다른 반향을 이야기하는 생동감 넘치고 역동적인 구조가 『수상록』을 이해하기 힘들면서 동시에 끊임없이 생각하며 읽어야 하는 작품으로 만들고 있다. 그리하여 이 작품은 역사와 사회의 산물이자 작가와 일반 독자의 공동 창작물로서 자리매김하게 된다. 이 점은 바진 역시 예상치 못한 효과일 것이다.

80년대를 향한 첫 걸음
:「편지 한 통」과 『수상록』 제1권

용감한 선택, 자유롭지 못한 사고

이미 언급했듯이 『수상록』으로 대표되는 바진 만년의 창작 풍격은 문체에서나 사상에서나 동시대의 원로작가들과는 크게 다르다. 그러나 그 개성 있는 풍격이 문혁 종결과 함께 바로 나타난 것은 아니었다. 문혁이 끝난 후 그가 발표한 첫 번째 글은 1977년 『문회보』에 발표한 「편지 한 통(一封信)」이었다. 이 글은 당시 작가의 복잡한 속내를 보여준다. '사인방'이 타도된 후, 바진은 주위 사람들의 숱한 우려와 충고에도 당 지도부에 명예회복을 요청하지 않았다. 그렇게 묵묵히 기다린 끝에 "장장 십 년 동안 자물쇠로 잠겨 봉해지고 닫혀있던 서재와 침실이 드디어 열리는 것"을 목도했다. 그리고 다시 어느 정도의 시간이 흘러 『문회보』 편집부로부터 원고 청탁을 받자, 오랜 침묵을 깨고 독자의 곁으로 돌아오게 되었다.[1] 그러나 십여 년 만에 펜을 잡고 쓴 「편지 한 통」은 여전히 관방 이데올로기와 주류 담론을 충실히 따르는 모습으로 등장했다. 글 속에서 바진은 신중국 성립 이전의 자신의 작품들에 문제가 있음을 인정하고 '다칭(大慶) 사람들'과 '다자이(大寨) 사람들'[2]을 본받길 원한다고 고백하며 사회주의 조국을 위해 일생 분투하고 모든 것을 바치겠노라고 말하고 있다. 전반적으로 볼 때 「편지 한 통」은 정치적 입장표명을 위해 발표했던 기존의 글들과 크게 다를 바 없는 듯하다.

하지만 이 글은 내용이 아니라 그 등장 방식 자체가 의미심장하다. 문혁 종결 후 작가가 정치적 신분을 회복하는 방식으로 '신문 투고'라는 형식을 통해 독자들과 직접 소통하는 길을 택했기 때문이다. 설사 반혁명으로 낙인찍히지 않았다 할지라도 당시 명예회복과 정상적인 생활로의 복귀를 위해 사람들이 취했던 가장 흔한 방법은 정치 지도자들에게 편지를 써서 복권을 호소하는 것이었다. 특히 바진처럼 명망 있는 작가들에게는 이 방법을 선택하는 것이 좀 더 용이했을 것이다. 그럼에도 불구하고 그는 지도부에게

1 「一二五, '緊箍咒'」.

2 다칭은 헤이룽장성(黑龍江省)의 유전이고 다자이는 산시성(山西省) 타이항산(太行山) 서쪽 기슭에 위치한 가난한 산촌 마을이다. 1960년대 초 다칭은 시설 부족과 여러 악조건에도 불구하고 유전개발에 성공하였다. 다자이는 1964년 2월 10일 『인민일보』가 "혁명정신에 의거해 산간지역을 건설한 모범부락"으로 소개하면서 전국적으로 유명해졌다. 이후 "공업은 다칭에서 배우고, 농업은 다자이에서 배우자"는 구호가 전국을 뒤덮게 되었다.

탄원서를 보내는 것이 아니라 독자에게 「편지 한 통」를 보냄으로써 직접 명예를 회복하고 자신의 건재함을 알렸다. 사인방이 물러나긴 했지만 극좌적 정치 분위기가 여전히 남아있는 상황[3]과 그로 인해 조성된 사회적 불안심리를 고려해본다면, 이 노작가의 선택이 결코 쉽지 않았음을 족히 짐작할 수 있다. 여기에서 과거와 달라진, 그리고 동년배 원로 작가들과도 다른 길을 가기로 선택한 그의 결심을 엿볼 수 있다.

「편지 한 통」의 발표는 바진이 더 이상 '최고 영도자' 혹은 다른 정치적 권위를 빌어 자신을 억울함을 호소하지 않고, 그들로 하여금 이후의 삶을 결정짓지 않도록 하겠다는 의지의 표현이었다. 즉 보잘 것 없을지라도 외부 세력에 의지하지 않고 자신의 손으로 남은 생을 계획하고 걸어가겠다는 결의를 담고 있는 것이다. 이 첫 걸음은 위태로워 보이지만, 그 자체만으로 바진이 '대세를 따르는' 사고와 행동으로부터 분리되어 나오고 있음을 증명하고 있다.

『수상록』 발표 이전의 글들은 형식이나 내용면에서 기본적으로 「편지 한 통」과 유사하다. 『바진 근작』에 수록된 「두 번째 해

3 당시 정치환경 하에서 마오쩌둥의 정치와 이데올로기는 화궈펑을 중심으로 한 새로운 권력에게 가장 핵심적인 '정당성'을 부여하고 있었다. 사인방이 타도된 후에 중공 고위층이 내린 첫 번째 결정은 '마오쩌둥 주석 기념당' 건립 및 『마오쩌둥 선집』 출판, 『마오쩌둥 전집』 출판 준비였는데, 이는 "계속하여 마오 주석의 기치를 높이 들겠다"는 결심과 태도를 보여준다. 韓鋼, 「'兩個凡是'的由來及其終結」, 郭德宏等主編, 『中華人民共和國專題史稿』 第4卷(改革風雲), 四川人民出版社, 2009, 29-30쪽 참조.

방(第二次解放)」에서는 "이 중요한 때, 마오 주석께서 친히 선정하시고 키우신 후계자, 우리의 영명한 지도자이신 화주석께서는 과단성 있는 조치를 내리시어 당과 국가를 구하시고 인민을 구하셨다. 참으로 먹구름이 거치고 해와 달이 다시 밝히 비춘다. 태양이 신중국의 대지를 찬란히 비추어 우리의 산하는 유난히 웅장하고 아름다워 보인다"며 자신과 국가의 운명을 영명한 지도자에게 완전히 기탁하고 있다.[4] 「악을 제거하는 데는 철저해야 한다(除惡務盡)」에서는 "17년 동안, 문예전선에는 매번 중대한 투쟁이 있었다. 영화 『무훈전(武訓傳)』 반대 비판으로부터 시작하여, 1954년 『홍루몽 연구』 비판, 1955년 후펑 반혁명집단 투쟁, 1963과 1964년의 두 가지 중요한 지시에 이르기까지 모두 마오 주석께서 직접 개시하시고 영도하신 것으로 모든 투쟁이 큰 승리를 거두었다"고 주장하며 과거 관방의 문예노선을 긍정하고 지지를 표한다.[5] 그런가 하면, 「『집』 재판본 후기(『家』重印後記)」에서는 해방 이전 창작물들의 역사적 임무가 이미 완결되었음을 인정한다.

이러한 내용과 주장이 과연 작가의 본심이겠는가는 의심해 볼 필요가 있다. 바진은 90년대에 쓴 한 글에서 "과거 나는 이런 글들을 책에 수록하지 않았고 자신의 작품으로 간주하지도 않았다. 설사 회의에서 낭독하더라도 다른 사람이 써준 원고를 그대로 읽을 뿐이었다. 내가 쓴 원고를 읽을 때도 있지만, 반영하는 것은 다

4 巴金, 「第二次解放」, 『巴金近作』, 四川人民出版社, 1978, 16쪽.
5 巴金, 「除惡務盡」, 『巴金近作』, 四川人民出版社, 1978, 17쪽.

른 사람의 의견이었다. 예를 들어 1978년 문련(중국 문학 예술계 연합회의 준말) 제3차 확대회의에서의 강화 두 번째 부분은 상하이 문련의 자료를 가져다 쓴 것으로, '작가들이 (삶 속으로) 내려가야 창작 수준이 올라간다'고 큰소리쳤다. 이것이 나 자신의 주장일 순 없었다"[6]고 고백했다. 기존의 문예노선에 동의하지 않고 신격화된 지도자를 더 이상 신뢰하지도 않았지만, 1977년과 1978년의 바진은 여전히 자신의 생각을 마음껏 표현할 수 없었다.

1977년 5월 29일 오랜 독자이자 벗인 양이(楊苡)에게 보낸 편지는 「편지 한 통」을 쓸 당시 그의 심리 상태가 어떠했는지 짐작케 한다.

> 오랫동안 글을 쓰지 않아서 처음엔 정말 어디서부터 써야할지 모르겠더군. 하지만 마음속의 말을 했기 때문에 다 쓰고 나선 나도 통쾌함을 느꼈네. 사인방이 거짓말만 해댔으니, 진실을 말하는 것 또한 그들과 정면으로 대항하는 것이겠지.[7]

이는 바진이 『수상록』 집필 이전에 이미 글쓰기를 투쟁의 무기로 삼으려고 마음먹고, 진실을 말하는 것을 주요 방향으로 고려하고 있음을 보여준다. 하지만 앞서 언급했듯이 작가의 본심이 글로 직접 표현되는 것은 아니었다.

6 巴金, 「『巴金全集』第十九卷代跋」, 『再思錄』, 上海遠東出版社, 1995, 93쪽.

7 楊苡著, 『雪泥集(巴金致楊苡書簡劫余全編)』, 上海遠東出版社, 2010, 28쪽.

문혁 종결 직후부터 『수상록』 집필 이전에 발표한 글들의 가치를 완전히 부정할 수는 없으나, 동시에 이 글들이 관방 이데올로기를 주제로 삼고 있으며 관방의 언어로 자신을 치장하고 있다는 사실 역시 인정하지 않을 수 없다. 「편지 한 통」부터 90년대에 발표한 『재사록』에 이르기까지 바진 만년의 사상적 흐름이 한 작가의 인격 회복과 글쓰기의 발전 과정을 보여주지만, 『수상록』 이전의 작품 속에서는 노작가 고유의 사상적 가치로 평가받는 '독립적 사고'를 찾아보기는 어렵다. 이 시기 그의 글과 진심 사이에는 상당히 먼 거리가 존재하고 있었다.

『수상록』 기본 사상의 맹아들

1978년 말, 바진은 비장한 심정으로 수상록을 쓰기 시작한다. 하지만 새로운 작품을 소개하는 작가의 태도가 담담했기 때문에 독자들이 저자의 의도를 가늠하기란 쉽지 않았다. 작품의 명칭과 집필 방식을 살펴보면 『수상록』을 쓰기 시작했을 때 저자 스스로도 상세한 계획을 가지고 있었던 것은 아님을 알 수 있다. 이와 관련하여 바진은 「『수상록』 총서」에서 다음과 같이 말하고 있다.

> 『수상록』이라는 작은 책을 한 권 쓰려고 준비하고 있다. 한 편 한 편씩 쓰고, 한 편 한 편씩 발표할 것이다. 이 글자들은 그때그때 나의 감상을 기록한 것일 뿐, 체계적이지도 고명하지도 않다.

오랜 세월동안 창작의 권리와 자유를 박탈당했던 바진의 마음 속에는 "조금씩 실재적인 일을 해서 흔적을 남기고 싶다"[8]는 열망이 가득했을 것이다. 이 때문에 구체적인 구상이 없더라도 "먼저 쉽게 할 수 있는 일부터 시작하겠다"[9]는 결심을 세우게 된다. 집필 구상보다 훨씬 앞서나간 글쓰기를 통해 등장한 『수상록』은 「수상록 제1집 후기」와 서른한 번째 글인 「'호언장담'」에 이르러서야 비로소 구체적인 집필계획을 소개한다.

『수상록』 제1집에 서른 편의 '수상'을 수록하여 1979년의 책 한 권이 되었다. 1984년까지 앞으로 매년 한 권씩 펴낼 것이다.

『수상록』은 제30편까지 이미 한 권으로 편집됐고 매 편마다 소제목도 추가했으며 1979년 내에 간행될 것이다. 1984년까지 앞으로 매년 한 권씩 펴낼 것이다. 제31편 이하의 각 편(30 혹은 40편 정도)이 제2집에 수록될 것이다.

『재사록』에서 바진은 『수상록』을 막 집필할 당시를 아래와 같이 회고하고 있다.

제일 처음 『망향(望鄕)』에 대해 말할 때는 기세등등하여 속의 말을 쏟아내니 시원하다고만 여겼지, 이 칼럼란에 얽매여 8년이나 글을 쓰게 될 줄은 생각조차 하지 못했다. 제목도 달지 않았던 데에

8 「『隨想錄』 總序」.

9 「『隨想錄』 總序」.

서 제목이 달리게 되고(처음 서른 편은 두 편을 제외하곤 제목이 없었다), 계획이 없던 것에서 계획이 생기고, 꿈에서 막 깨어난 상태에서 의식이 선명해지게 되고, 그때그때 생각하던 것이 탐색에 이르게 되어 머리는 더 이상 다른 이의 지휘를 따르지 않게 되고 독립적 사고가 효과를 발휘하게 되었다.[10]

이로써 『수상록』의 집필 계획이 제1권을 쓰는 과정 중에 조금씩 구체화됐음을 알 수 있다.

제1권은 『수상록』의 주요 사상이 싹을 틔우는 단계로 그 시선은 문혁을 향하고 있다. 문혁에 대한 반성은 『수상록』 전체의 사상적 기초이자 핵심 주제로 바진의 참회, 가족과 친구들에 대한 회상, 문학적 견해 피력 등이 모두 이 위에서 진행된다. 제1권은 그야말로 그때그때의 생각과 여러 일정에 따라 다양한 소재를 다루고 있기 때문에 사고의 방향이 명확하거나 깊이가 있다기보다는, 다소 산만하고 핵심이 빠진 것 같은 느낌을 준다. 예를 들어, 1979년 봄 프랑스 방문을 기록할 때 바진은 루소가 젊은 날의 자신에게 끼친 영향에 대해서는 기꺼이 이야기하면서도 프랑스 유학시절 해외 유명 아나키스트들, 즉 엠마 골드만, 오스트리아인 네트로, 훗날 전기의자에서 생을 마감했던 이탈리아 무정부주의자 반제티와 서신 왕래를 했던 일이나 중국인 아나키스트 그룹에 참여했던 사실[11]은 언급하지 않는다. 또 「『수상록』 총서」에서 "쓸

10 巴金, 「『隨想錄』合訂本新記」, 『再思錄』, 上海遠東出版社, 1995, 121쪽.

데없는 말과 거창한 말을 많이 하고 싶지 않다"고 공표했지만, "우리 위대한 사회주의 조국에서는 긍정적인 것이 주도적인 지위를 점하고 있지 않은가?"(1. 망향); "나는 우리의 사회주의 조국을 위해 마지막 숨이 다할 때까지 일할 것이다."(5. 샤오산을 회고하며); "만약 나에게 이번 방문의 가장 큰 수확을 묻는다면 나로 하여금 여생을 인민 우정 사업에 바치게 한 것이라고 대답하겠다"(24. 인민 우정 사업) 등과 같은 정치적 수사들을 빈번하게 사용하고 있다.[12] 1978년 복권이 시작된 우파분자에 대해서는 기꺼이 회고하면서도 1980년 복권된 후펑분자나 여전히 오해의 소지가 있었던 무정부주의와 관련된 글이 없는 것[13]도 같은 맥락으로 봐야할 것이다. 이로 미루어보건대 일부 민감한 문제에 있어 당시 바진은 여전히 우유부단한 태도를 취하고 있는 것이 분명하다. 그러나 어찌됐든 '독립적 사고'에 기반한 역사 반성이라는 『수상록』의

---

11 프랑스 유학시절 해외 아나키스트와의 서신 왕래 및 중국인 아나키스트 그룹 활동 참여에 대해서는 박난영, 『혁명과 문학의 경계에 선 아나키스트 바진』, 한울아카데미, 2006, 33쪽; 山口守, 「凡宰特致本社黑浪同志信」, 「1927年7月23日「凡宰特致巴金的信」」, 『中國現代文學研究叢書』 1996년 제2기, 223-237쪽 참조.

12 제1권은 『수상록』에서 정치적 수사가 가장 많이 사용되는 책으로, 총 20여 곳에서 위와 같은 표현들을 찾아볼 수 있다. 제2권부터는 사용 횟수가 눈에 띄게 줄어들며 설사 사용된다하더라도 반어적으로 등장하는 경우가 대부분이다.

13 1957년 반우파 투쟁 당시 우파로 몰렸던 인사들은 1978년 11월 정식으로 복권되었다.(「遵照華主席爲首的中央決定全國全部摘掉右派分子帽子」, 『人民日報』 1978년 11월 17일)

기본 사상은 조금씩 싹을 틔우기 시작했고 천천히 자신만의 궤도 진입을 시도하고 있었다.

제1권에서 언급된 몇 가지 사회적 핫이슈와 주요 소재 가운데 가장 이목을 집중시키고, 마지막 권인 『무제집(無題集)』까지 꾸준히 발전해나가는 것은 약 세 가지이다. 바로 문혁에 대한 반성, 문학과 작가의 권위 회복, 과거 정치적으로 부정당한 사건과 인물에 대한 재평가이다. 이 세 측면에서 바진은 과거의 잘못을 참회하며 자신의 본래 모습을 조금씩 회복해간다.

문혁에 대한 반성과 참회의식은 한데 어우러져 『수상록』의 근간을 이루는데, 제1권에서는 '사인방' 비판에서 드러나기 시작한다. 당시 관방이든 민간이든 문혁에 대한 책임을 물을 때 사인방을 언급하는 것은 지극히 당연하고 보편적인 현상이었다. 공산당은 문혁의 궁극적인 책임을 '사인방'과 '린뱌오(林彪)'에게로 국한시켰고, 반우파투쟁·대약진운동과 같은 역사적 오류는 당의 집단지도와 민주집중제의 원칙이 훼손되어 마오쩌둥이라는 한 개인에게 권력이 집중되었기 때문에 발생한 것으로 결론지었다.[14] 언뜻 보기에는 과거의 오류를 인정하고 반성하는 것 같지만, 실은 중국 당대사 비극의 원인을 이미 법적 처벌을 받았거나 세상을 떠난 국가 지도자에게 한정시킴으로써 과거사 문제에 있어 덩샤오핑 치하의 공산당은 본질적인 책임이 없음을 암시하고 있었다. 마오 평

14 解放軍政治學院資料室·解放軍報編輯部編寫, 『「關於建國以來黨的若干歷史問題的決議」名詞解釋』, 長征出版社, 1981, 14-18, 21-29쪽.

생의 업적을 '공적이 7할이고 과오가 3할이다(功七過三)'라고 규정하여 그의 혁명 업적들이 '문화대혁명' 중의 과오보다 훨씬 월등하다[15]고 평가한 것 역시 마오로 대표되는 공산당의 혁명적 정통성은 계승하되 그 역사적 과오와는 일정한 거리를 두고자 하는 당시 정치권력의 속내를 잘 보여주고 있다. 비록 마오에게 문혁 발발의 책임이 있다고 명시하긴 했지만, 마오와 당 중앙은 기본적으로 비판이 허용되지 않는 금기의 영역이었다.

이런 사회분위기를 반영하듯 바진 역시 십년 재난의 책임을 린뱌오와 사인방, 그리고 그 수하들에게 돌린다. 하지만 1979년 2월 12일에 쓴 「11. 복숭아씨 한 알의 코미디(一顆桃核的喜劇)」라는 글에서는 자신만의 독특한 관점이자 이후 전체 『수상록』을 관통하는 의견을 처음 선보이게 된다.

> 나는 항상 이렇게 생각한다. 린뱌오와 '사인방' 탓만 해서는 안 되고, 우리 자신도 책임을 져야 한다고 말이다. 우리 스스로가 그 봉건 나부랭이 세트를 '먹었으니' 린뱌오와 '사인방'의 장사가 번창했던 것이다. 그렇지 않다면 어떻게 멋대로 작성한 '칙령' 한 장이 집과 가족을 잃게 할 수 있었겠는가?……

문혁을 봉건주의와 연결 짓는 것은 당시 사상계의 입장과 관련이 있다. 제11차 삼중전회 이후 등장한 문혁을 부정하는 최초의

15 解放軍政治學院資料室·解放軍報編輯部編寫, 『「關於建國以來黨的若干歷史問題的決議」名詞解釋』, 長征出版社, 1981, 35쪽.

이론적 근거가 바로 "문혁이 행한 것은 봉건주의"라는 주장이었다. 중국 사상계는 봉건제도가 신해혁명과 함께 타도되긴 했지만 현재의 사상 속에 그 여독(餘毒)이 남아있어 사회제도와 문화 전반에 막대한 영향을 미쳤기 때문에 문혁이 발발하게 되었다고 간주하였고 이를 근거로 문혁을 봉건주의의 대복벽이라고 지적했다.[16] 이러한 이론적 근거는 앞서 언급했던 문혁과 집권당의 연관성 문제를 원만하게 해결해주는 효과가 있었기 때문에 상당히 안전한 사상적 울타리 역할을 하게 되었다. 이 울타리에 기대어 중국 지식인들은 문혁을 비판하고 5·4정신, 특히 '계몽'이라는 화두를 다시 꺼내들었다.

바진 역시 이 주장에 적극 찬성하는 입장이었다. 『수상록』 곳곳에 등장하는 5·4 정신 계승 호소는 5·4가 부르짖었던 봉건주의 타파가 중국의 여러 문제를 해결하는 데에 여전히 유효함을 강조하는 것이기도 하다.

---

16 "중국은 봉건의 역사가 유구한 국가로 우리 당은 봉건주의 특히 봉건 토지제도와 악질 토호에 대해 가장 결연하고 철저한 투쟁을 진행하였다. …… 그러나 오랜 기간 사상정치방면에 남아 있는 봉건 전제주의의 해독은 여전히 쉽게 일소할 수 없었고, 여러 역사적인 이유들은 우리로 하여금 당내 민주와 국가정치 사회생활의 민주를 제도화하고 법률화하지 못하게 하였으며, 혹 법률을 제도화하더라도 마땅히 가져야할 권위를 가질 수 없게 했다. 이것이 바로 당의 권력이 한 개인에게 과도하게 집중되고 당내 개인의 독단과 개인숭배 현상이 조장되어 당과 국가로 하여금 '문화대혁명'의 발발과 발전을 방지하고 제어하기 어렵게 하는 조건을 제공하였다." 「中國共產黨中央委員會關於建國以來黨的若干歷史問題的決議」, 『三中全會以來重要文獻選集』 下, 人民出版社, 1982, 819쪽.

바진은 어린 시절에 목격했던 한 가지 사건을 언급하며 '봉건주의'가 의미하는 바를 보다 쉽게 설명하려고 한다.

> 내가 예닐곱 살 때 아버지는 쓰촨 광위안현(廣元縣) 현장이셨는데, …… 피고가 자백을 하지 않으려하면 바로 곤장을 때렸다. '작은 곤장'은 가는 대쪽으로 맨 엉덩이를 때리는 것이었다. …… 곤장을 다 때리면 맞은 사람을 끌고 가서 '나으리'에게 고개 숙여 절을 하게 하거나, 맞은 사람 혹은 하급 관리가 대신하여 "나으리의 은혜에 감사드립니다"라고 인사를 하게 했다. (12. 복승아씨 한 알의 코미디)

피고가 자백을 하지 않고 자신의 잘못을 인정하지 않았는데도 곤장을 맞은 후에 자신을 때린 사람을 향해 감사를 표하는 씁쓸하고 우스꽝스러운 장면을 예로 들어 바진은 봉건주의를 한 사람의 정신 상태와 연결 짓는다. 훗날 수상록 제3권 『진화집(眞話集)』에서 그는 이 같은 정신 상태를 인간의 마음에 남아있는 봉건시대의 낙후되고 비열한 노예근성으로 간주하고, '마음의 노예'라고 일컫는다. 젊은 시절 바진은 여러 소설을 통해 이런 비열한 근성에 대해 날카롭게 비판하고 노예의식의 위험성을 폭로했었다. 하지만 자신이 현대의 전제권력에 직면했을 때는 오히려 그들의 발 앞에 엎드려 자아를 부정하게 되었다. 치욕적인 경험과 그 후의 각성은 노작가의 마음에 큰 고통을 안겨주었고, 그를 깊은 참회의 길로 이끌어갔다. 바진은 '참회의식'과 '자아 해부'라는 방식으로 자신의 내면에서 문화대혁명 발발의 진정한 원인을 찾아간다.

「6. '독초병'」, 「7. '명을 받드는 문학'」, 「8. '장관의 의지'」, 「9. 문학의 작용」, 「27. '문예법'을 제정해야 하는가」 등 창작의 자유를 언급한 글에서 바진은 작가로서의 참회의식을 드러낸다. 이 글들은 작품의 내용과 창작 방법은 마땅히 작가 개인이 결정해야 하며 작품에 대한 평가는 독자가 내려야 한다고 강조한다. 지극히 평범한 이야기를 하는 것 같지만, 이 주장이 내포하는 정치적 함의는 결코 평범하지 않다. 수십 년 간 이어져온 관방 이데올로기에 부합한 창작의 길을 거부하고 있기 때문이다. 사실 바진이 창작의 자유를 주장한 것은 『수상록』이 처음은 아니다. 1962년 상하이 제2차 문대회(문학예술공작자 대표대회)에서도 비슷한 발언을 한 적이 있었다.

> '쌍백'방침이 발표된 지 이미 몇 년이 지났고 큰 성과도 거두었습니다. 하지만 왜 아직도 그토록 많은 틀들이 있는 겁니까? 어째서 우리의 수많은 우수한 작가들이 여전히 창작실천을 통해 문학예술의 화원을 아름답게 장식하지 못하는 것입니까? …… 이유야 어찌됐건, 우리는 크고 작은 그 틀들과 각양각색의 몽둥이들을 버텨내야 합니다. 작가가 되기 위해선 충분한 용기와 책임감이 반드시 필요합니다.[17]

17 巴金, 「作家的勇氣和責任心」, 『巴金七十年文選』, 上海文藝出版社, 1996, 877-879쪽.

신중국 성립 이전, 바진은 창작에서나 생활에서나 개성이 뚜렷한 작가였다. 대다수 작품에서 아나키즘을 선전했고, 무정부주의적 정신에 입각하여 원고료를 여러 곳에 기부했으며, 문화생활출판사를 운영할 때는 기꺼이 무보수로 일을 했다.[18] 장기간에 걸쳐 자신의 사상을 견지하고 실제 생활 속에서도 그 신념을 지키려 노력했던 이 같은 모습은 바진이 무정부주의적 이상의 실현을 위해 끊임없이 고민하고 실천하는 작가였음을 보여준다. 그러나 1949년 이후에는 다른 작가들과 마찬가지로 기존의 창작과 생활방식을 포기할 수밖에 없었다.

신중국 초기 문학창작에 나타난 변화에 대해 첸리췬(錢理群)은 다음과 같이 설명한다.

> 책 한 권[19]의 출판이 이처럼 많은 (문학과 관계가 없는 아이쓰치艾思奇 같은 당내 철학자를 포함한) 중공당 지도간부들을 촉발시키고 심지어 최고영도자인 마오 본인이 친히 여기에 간여한 것은, 특별해보이긴 하지만 기실 한 가지 중요한 사실을 반영하고 있다. 바로 문학예술이 이미 진정으로 '당 사업'의 중요한 부분이 되었다는 것이다. …… 따라서, 딩링(丁玲)과 그녀의 창작에 대한 마오쩌둥의 관심은 그저 문예에 대한 한 개인의 특수한 애호 혹은 딩링에 대한 특별한 관심(비록 이런 요소가 확실히 존재하긴 하지만)일 수 없었고, 마오쩌둥이 이미 미래 문학의 발전을 자신의 신중국 청사진 가운데 끼워 넣었음

18 吳朗西, 「文化生活出版社的資金來源」, 『新文學史料』 1982년 제3기.

19 딩링(丁玲)의 『태양은 상건하를 비춘다(太陽照在桑干河上)』를 가리킴.

을 의미한다. …… 그리하여 그는 문학예술을 당의 영도(제어) 하에 확실히 장악하였는데, 이것이 바로 훗날 제기된 "전체 당이 문예를 관리한다" (및 "제1서기가 문예를 관리한다")는 사상이었다.[20]

실제로 마오쩌둥은 반후펑 투쟁, 반우파 투쟁, 발백기(拔白旗) 운동 등을 통해 "전체 당이 문예를 관리한다"는 사상을 공고히 했다. 이런 사회 환경 속에서 지식인의 사상과 선택에는 변화가 생길 수밖에 없었다.

1950년대부터 모든 중국 지식인은 반복하여 이러한 선택에 직면하였다. 인민의 입장에 서서 인민의 질고와 마음의 소리를 진정으로 반영할 것인가, 아니면 개인의 이익을 위해 인민의 이익에 반하는 잘못된 노선에 굴종할 것인가? 한 차례 또 한 차례의 정치운동은 항상 첫 번째 길을 선택한 지식인들을 지옥에 처넣었고, 동시에 후자를 선택한 지식인들도 날이 갈수록 정신적 위기에 빠지도록 만들었다. 성도의 수난은 늘 가롯 유다에 대한 가장 호된 징벌이었고, 아울러 하늘과 사람이 모두 원망했던 대재난 속에서 전 민족이 이 죄업 때문에 잊을 수 없는 대가를 지불했다.[21]

신중국의 여러 정치운동 속에서 바진은 '후자를 선택'함으로써 문혁 이전까지의 고비를 간신히 넘길 수 있었다. 그러나 문혁에

20 錢理群, 「新的小說的誕生」, 『文藝理論研究』 1997년 제1기, 4쪽.

21 陳思和, 「『隨想錄』:巴金晩年思想的一個總結」, 『筆走龍蛇』, 山東友誼出版社, 1997, 164쪽.

이르러서는 결국 "지옥에 처넣어지는" 수모를 겪어야 했고 단테의 『신곡』을 외우며 하루하루를 버텨내야 했다.[22] 그의 참회는 바로 1950년대 이래 "이처럼 잘못된 선택을 한 것에 대한 참회"로[23] 타인을 향한 것임과 동시에 스스로를 향한 것이었다. 그러므로 여기에는 타인에 대한 사죄와 더불어 독립적 사고 및 본래 모습의 회복이 병행된다. 하지만 제1권에서는 아직 철저한 '자아 해부'가 등장하지는 않는다. 그의 비판의 창끝은 사회가 보편적으로 받아들이는 '문혁을 조성한 봉건주의'를 향하고 있을 뿐, 구체적이고 첨예한 '자아 해부', '자기 참회'의 수준에는 이르지 않고 있다. 비록 그가 자기 내면의 봉건 잔재에 대해 언급하고 있긴 하지만, 그 잔재가 도대체 무엇인지는 분명히 밝히고 있지 않다. 따라서 제1권은 작가가 자신의 본래 모습을 회복하는 준비 단계라고 보는 것이 타당할 것이다.

> 나는 예술가가 아니고, 전문적으로 문학을 배워본 적도 없다. 설사 병 때문에 펜을 놓는다 해도 안타까워할 필요가 없다. (6. '독초병')
> 내가 자신이 예술가가 아니라고 말하는 것은 결코 겸손해서가 아니다. 예술에 대해 나는 아는 바가 정말 아주 적다. (7. '명을 받드는 문학')

22 「六十九, 十年一夢」.

23 陳思和, 「『隨想錄』:巴金晚年思想的一個總結」, 『筆走龍蛇』, 山東友誼出版社, 1997, 164쪽.

문학을 언급할 때마다 바진은 거의 매번 자신이 예술가가 아니라고 주장한다. 그의 소설과 산문을 읽은 독자들이 이런 발언을 접한다면 분명 의아해할 것이다. 다작으로 이름난 작가의 이와 같은 자기 인식을 어떻게 이해해야 할까? 상술한 바와 같이 젊은 시절 바진은 신실한 무정부주의자였다. 그의 이상이 중국에서 실현될 가능성은 일찌감치 사라졌지만, 만년에 이르러서도 그는 젊은 날의 이상을 소중히 간직했다. 그에게 있어 소설 창작은 두 가지 의미를 지닌다. 하나는 이상에 도달할 수 없기에 생기는 실망, 우울, 그리고 분노의 감정을 소설을 통해 쏟아내는 것이었다.

> 나는 당시 예술을 통해 나의 애증을 쏟아내었는데, 그 후 줄곧 예술을 벗어날 수 없었다. (18. 니스에서)

다른 하나는 문학 창작을 통해 봉건주의 및 파시즘과 투쟁하는 것이었다.

> 나는 그저 펜을 무기로 삼고 작품생활에 의지하여 작품 속에서 전투를 진행했다.[24]

그러나 첫 작품이 발표된 후에 나타난 독자들의 반응이 놀랍도록 뜨거웠기에 그 때부터 그의 삶은 예상치 못한 또 다른 세계

24 巴金, 「『巴金全集』第七卷代跋」, 『再思錄』, 上海遠東出版社, 1995, 67쪽.

로 접어들게 된다. 한 연구자와 바진의 대화 속에서 우리는 작가 바진의 출현이 본인이 전혀 의도하지 않은 일이었음을 확인할 수 있다.

> "그렇다면" 내(천쓰허)가 물었다. "젊은 시절에는 자신이 90세가 되었을 때 어떤 상황일 거라고 상상하셨나요?" "나는 사업을 하고 싶었어. 인류에게 더 많은 이익을 가져다주고 싶었지." "그렇다면" 내가 계속 물었다. "……만약 구체적인 혁명 행위에 투신하셨다면 지금보다 더 큰 발전을 얻을 수 있었다고 생각하시나요?" 어르신은 웃으며 말씀하셨다. "내가 모순으로 가득 찬 사람이라고 말했잖은가. 하지만 지금 걷고 있는 길은 의외로 순탄했네."[25]

바진이 세계를 향해 쏟아내는 규탄의 목소리는 당시 젊은이들의 공감을 이끌어냈고, 전국적인 규모의 독자층이 빠르게 형성되었다. 그렇게 많은 사람들이 자신의 작품에 공감과 격려를 보일 줄 미처 예상치 못했던 바진은 그 때부터 독자들을 의식하고 그들과의 교류를 중요하게 여기기 시작한다. 그는 항상 자기 작품의 심판관은 독자라고 여겼다.

> 만약 내 작품이 독자에게 해로운 영향을 미친다면 독자가 그것들을 쓰레기통에 처넣을 것이고 나 자신도 할 수 없이 글쓰기를 중단해야 할 것이다. (10. 독자에게 건넨 마음)

---

25 陳思和, 「巴金寫完『隨想錄』以後」, 『黑水齋漫筆』, 四川人民出版社, 1997, 22쪽.

> 하지만 작품이 발표되자 마치 어떤 끈이 나를 독자와 연결시키는 것 같았다. 그때부터 나는 시시때때로 독자들을 생각했다. (18. 니스에서)

독자와의 긴밀한 왕래[26], 자신의 마음을 독자에게 건네는 것, 이것은 바진 문학의 중요한 특징 중 하나이다. 바진의 문학작품은 독자의 수용과 반향으로 인해 점차 성숙해져갔다. 이 때문에 그는 글을 쓸 때 늘 독자들을 생각하고 작품이 그들에게 미칠 영향을 진지하게 고려했다. 그에게 있어 가치 있는 작품이란 독자에게 도움이 되는 작품이었다. 독자와의 긴밀한 관계를 강조함으로써 바진은 작가, 작품, 독자를 총체로 하는 문학관을 다시 회복시켰고, 문예정책이나 정치담론은 철저하게 배제했다.

자신의 문학관을 수립하는 것 외에 바진은 문학 자체의 지위에 대해서도 고찰한다.

> 하지만 독자로서의 나는 자신의 작품에 대해서든 다른 이의 작품에 대해서든 여전히 발언권이 있다. (8. '장관의지')
>
> 나는 언제나 독자의 편지에 근거하여 자기 글쓰기의 효과를 점검하고, 작품의 효용을 점검한다. (10. 독자에게 건넨 마음)

---

26 바진은 여러 글을 통해 독자들이 보내준 편지를 소개하고, 곤경에 처한 몇몇 독자를 어떻게 도와주었는지 언급하고 있다. 「62. 나와 독자(我和讀者)」에서는 새엄마와의 갈등으로 가출하여 항저우(杭州)에 갔다가 먼 친척에 의해 위기에 처한 아가씨가 보낸 편지를 받고, 친구들과 함께 그녀를 구하러 간 사건을 소개하고 있다.

문학을 논할 때 바진은 먼저 관방 주도 하의 문예노선이 문단에 가져온 일련의 부작용들을 폭로하고 비판한다. 이 노선은 작가와 혁명가의 구분을 모호하게 하고, 정치적 기준으로 문학사를 서술하며, 독자로 하여금 개인의 취향과 관심에 따라 작품을 고를 수 없게 만들었다. 그 뿐 아니라 독자에게 특정 서적을 불태우도록 강요하고,[27] 괴상한 공포증을 얻은 작가들이 차마 펜을 놀리지 못하게 했으며,[28] 문단 내에 '문예법'을 제정하여 스스로를 보호하고자 하는 분위기를 조장했고,[29] 언제나 규정들에 근거하여 작품을 연구하고 분석하도록 평론가와 연구자들을 옭아매었다.[30]

문혁이 끝난 후에도 문단을 포함한 사상계를 겨냥한 정치적 압박은 쉽게 사라지지 않았는데, 1979년 3월 30일 베이징에서 열린 중공중앙 이론 학습토론회에서 발표한 덩샤오핑의 강화문은 그 대표적인 예라 할 것이다. 그는 이 자리에서 '4대 현대화 실현'을 위해 사상업무 방면에서 4가지 기본원칙을 견지할 것을 제안했다. 그 구체적인 내용은 "첫째, 반드시 사회주의 노선을 견지한다; 둘째, 반드시 무산계급 전제정치를 견지한다; 셋째, 반드시 공산당의 영도를 견지한다; 넷째 반드시 마르크스 레닌주의와 마오쩌둥 사상을 견지한다"는 것으로 향후 공산당이 정치적 개혁의

27 「三, 多印幾本西方文學名著」.

28 「六, '毒草病'」.

29 「二十七, 要不要制訂'文藝法'」.

30 「二十六, 觀察人」.

여지를 남기지 않을 것임을 강조했다. 아울러 덩샤오핑은 당의 사상적 영도를 방해하는 그 어떤 시도도 결코 용납하지 않을 것임을 천명했다.

> 사회적으로 극소수인들이 4가지 기본원칙에 회의하거나 반대하는 사조를 유포시키고 있으며 당내에서조차 개별 동지들이 이런 사조의 위험을 인정하지 않을 뿐 아니라 심지어 직간접적으로 모종의 지지를 하고 있다. 비록 이런 사람들이 당 안팎으로 극소수이긴 하나, 극소수라고해서 그들의 작용을 무시할 수는 없다. 그들이 우리의 사업에 큰 해를 끼칠 수 있고 이미 끼쳤음이 사실로 증명되었다.[31]

관방의 입장 표명은 사상계 내부에 긴장감을 조성했고 그로 인해 두 가지 상반된 반응이 나타났다. 하나는 관방의 입장을 적극적으로 찬성하고 공산당의 업적을 칭송하는 것이었다. "만약 인민의 작가들이 인민을 위해 그 '덕'을 '찬송'하지 않는다면, 이들이 무슨 소용이 있겠는가?" "현 세계에서 이처럼 아름다운 사회주의에 대해 어떻게 그 '덕'을 '칭송'하지 않을 수 있겠는가?"[32] 또 다른 반응은 이 같은 '칭송파(歌德派)'를 비판하고 관방과 차별화된 지식인의 입장을 견지하는 것이었다. 바진은 후자의 편에서 자신의 생각을 밝히고 있다.

31 鄧小平, 「堅持四項基本原則」, 『鄧小平文選』 第2卷, 人民出版社, 1994, 166쪽.
32 李劍, 「'歌德'與'缺德'」, 『河北文藝』 1979年 6月, 5-6쪽.

> 설마 작자(「'칭송'과 '부덕'」을 쓴 리젠李劍을 가리킴—필자)는 정말로 '사회주의'가 허풍을 떨어서 만드는 것이라고 여기는 것일까? 그렇지 않을 것이다.
>
> 우리의 합법적인 권리를 지키기 위해서는 반드시 투쟁을 거쳐야 한다. (27. '문예법'을 제정해야 하는가)

바진은 왜곡되고 황당한 문학관과 현상들을 부정하고 진정으로 문학의 본질을 회복하는 방법을 제기한다. 작가는 크고 작은 회의에 참석하는 것이 아닌 예술적 실천을 통하여 독자와 만나야 한다.[33] 작가로 하여금 스스로 생활의 터전을 선택하게 하는 것이야말로 창작의 자유를 보장하는 것이며,[34] 작품을 평가하는 권리는 독자에게 돌아가야 하고, 과거 관방에 의해 부정당한 작가들에 대한 재평가가 이뤄져야 한다……. 작가의 이성과 용기를 회복하고 상부의 명령에 맹목적으로 복종하는 것을 거부하는 것이야말로 창작의 자유와 작가로서의 면모를 지켜나가기 위한 가장 기본적인 토대라는 뜻이다. 그러나 당시 관방의 '영도'라는 명목으로 자행되던 여러 외부 간섭들로 인해 이런 기본적인 상식을 주장하고 견지하는 것은 결코 쉽지 않았다.

이런 분위기 속에서 어렵사리 자아의식을 회복하기 시작한 바진은, 글쓰기라는 자신만의 방법을 통해 지인과 친구들의 명예회

---

33 「三, 結婚」.

34 「九, 文學的作用」.

복에 나선다. 이는 양심의 견책으로 말미암은 "삶에 간여하는" 실천적 행동이라 할 수 있다. 「12. 리니 동지에 관하여(關於麗尼同志)」, 「13. 세 차례의 초상화 그리기(三次畵像)」, 「29. 쉐펑을 그리며(懷念雪峰)」, 「30. 진이 서거 20주년(靳以逝世二十周年)」과 같은 회고성 글들은 과거 정치적으로 비판당했거나 여전히 정당한 평가를 받지 못하는 지인들을 위해 쓴 것이다. 앞서 언급했듯이 이런 글들을 작성할 때 그는 회고 대상에 대한 일정한 범주를 정해놓는다. 이미 공식적으로 명예회복이 된 사람이나 사회 보편적 인식의 범주에서 사상적으로 문제가 없다고 여겨지는 인물들이 그 대상이다. 이 기준에 따라 제1권에서는 '우파분자'에 대한 회상은 등장하지만, '후펑분자'와 무정부주의자에 대한 언급은 찾아볼 수 없다.

나름의 엄격한 기준과 범주 내에서 조심스럽게 접근하고 있긴 하나 리니, 리례원(黎烈文), 펑쉐펑(馮雪峰), 진이의 문학사적 지위를 재조명했다는 점에서 보면, 바진이 회고문에 들인 노력과 그 영향력은 만만치 않다. 과거 리니 등에 대한 평가는 모두 정치적 기준에 입각한 것들이었다. 3, 40년대 소련의 문예방침과 정책의 영향을 받은 중국 공산당은 작가와 작품의 정치성향 및 당에 대한 충성도를 잣대로 삼아 작가들을 좌익작가, 진보작가(혹은 광범위한 중간 작가), 반동작가로 구분 지었고,[35] 한 작가의 문학사적 지위는 그가 어느 그룹에 속하나에 따라 결정되었다. 바진은 제1권

35 洪子誠, 『中國當代文學史』, 北京大學出版社, 1999, 8쪽.

12, 29, 30편에서 관방과 과거 문학사의 정치적 편견에 반대한다고 밝히며, 문학적 관점에서 다시 새롭게 작가들을 평가해야 한다고 주장한다. 이는 정치적 이해관계에서 벗어나 자신만의 시각으로 문학과 인간을 바라보려는 그의 노력을 보여준다.

바진은 한 개인의 가치를 단순하고 획일적인 잣대로 판단하는 것이 얼마나 위험한 일인지에 대해 부단히 지적하고 경고한다.

> 「강남의 기억(江南的記憶)」 이후 그(리니)는 더 이상 산문을 쓰지 않았던 것 같다. 그는 왜 침묵했을까? ……아마 과거 한 시기의 생활이 무거운 짐처럼 그의 어깨를 짓누르고 있어 걸음을 떼기가 힘들었을 것이다.
>
> 하지만 그의 소리 없는 죽음은 우리 문학사업의 손실이다. (12. 리니 동지에 관하여)

본명이 궈안런(郭安仁)인 작가 리니는 1930년대 리밍고등학교(黎明高中) 교사로 재직했을 때부터 1968년 여름 광저우에서 "폭염의 날씨에 노동하다 쓰러져 죽을"[36] 때까지 불행으로 얼룩진 삶을 살았다. 공산치하의 중국에서 반동으로 몰리진 않았지만, 1930년대 생계를 위해 국민당 정부기관에서 일했던 경력은[37] 정치적 족쇄

36 巴金, 「關於『春天裏的秋天』」, 『巴金全集』 第20卷, 人民文學出版社, 1993, 579쪽.

37 "……, 1938년 친구의 소개로 한 군사번역기관에서 일을 하다가 나중에 충칭(重慶)으로 옮겨갔고, 그가 영어를 잘했기 때문에 국민당 군사지도기구로 파견되어 결국 혁명문학에 종사할 수 없게 되었는데, 이것이 '전투에서 도

가 되어 그로 하여금 문학 활동을 할 수 없게 만들었다.

바진이 회고의 글에서 이 옛 친구에게 하염없이 동정을 표한 이유도 바로 여기에 있다. 그는 사람들이 국민당 정권의 협조자가 아닌 뛰어난 산문 작가로서의 리니에 주목하기를 바랐다. 궈안런의 예술적 재능과 문학사적 공헌을 높이 평가한 그는 친구의 뛰어난 문체를 대표할만한 구절을 직접 소개한다.

> ……기억한다. 어느 야행열차에서 한 손으로는 열이 나는 아이를 껴안고, 다른 한 손으로는 짧디짧은 연필을 움켜쥐고서, 작은 공책 위에 흥분되고도 부끄러운 마음으로 달빛을 빌어 큰 글씨로 이렇게 썼던 것을. "강남, 아름다운 땅, 우리의 것!"…… (12. 리니 동지에 관하여)

바진은 항일전쟁 기간 중 자신이 자주 "강남, 아름다운 땅, 우리의 것!"이라는 구절을 떠올렸고, 이후 다른 글에서도 인용했노라고 고백한다. 리니의 문학적 재능을 재차 강조함으로써 한 작가에 대한 제대로 된 평가는 정치가 아닌 예술의 차원에서 이뤄져야 한다고 주장하고 있는 것이다.

펑쉐펑을 회고하는 글은 1979년 문단을 뜨겁게 달군 한 논쟁과 관련이 있다. 펑쉐펑은 1957년 반우파 운동 당시 "루쉰의 명의를 이용하여 '네 명의 사내들(四條漢子: 저우양周揚, 샤옌夏衍, 톈한田漢, 양

망친 패잔병'으로 간주될 줄 예상이나 했겠는가!" 荒煤, 「告慰麗尼」, 李濟生編, 『鷹之歌』, 珠海出版社, 1997, 4쪽.

한성陽翰笙을 가리킴)'이라는 구호를 제기하여 문예계를 분열시켰다"는 죄명을 뒤집어쓰고 타도 당했다. 1930년대부터 좌익문단의 헤게모니 장악을 둘러싸고 펑쉐펑과 대립각을 세웠던 저우양은 1957년 9월 반우파투쟁의 기세를 빌어 펑쉐펑에 대한 공격을 본격화했다.

> 그는 1936년 당시 혁명근거지인 샨베이(陝北)에서 상하이로 왔는데 흠차대신의 태도로 출현하여 한 편으로는 후펑을 같은 당으로 끌어들이고 다른 한 편으로는 당시 상하이 지하당 조직에 대해 지극히 악랄한 종파적 공격을 감행하여 혁명문예사업의 분열을 조성하였다.[38]

저우양의 공격에 대해 펑쉐펑은 훗날 다음과 같이 평가한다.

> 당시 저우양 등이 배치한 발언들은 모두 36년 상하이 문제에 집중되어 있었다. 이는 분명 나라는 결함을 깨트리기 위함이었는데, 나로 하여금 36년에 어떻게 "루쉰을 속이고 이용하여 저우양 등을 공격하고 음해했는지", 동시에 어떻게 "분열활동을 진행했는지" 등을 인정케 함으로써 그들이 루쉰을 공격했다는 것은 역사를 곡해한 것이며 '국방문학'을 위해…… 판결을 뒤집으려는 목적에 다다르려 함이었다.[39]

38 周揚, 「文藝戰線上的一場大辯論」(1957.09.16.), 『新文學大系 1949-1979』 第19集, 上海文藝出版社, 1997, 411쪽.

39 陳早春 · 萬家驥, 『馮雪峰評傳』, 重慶出版社, 1993, 521쪽.

1979년 2월 『신문학사료(新文學史料)』 제2집에는 펑쉐펑이 문혁 기간 중에 작성한 「1936년 저우양 등의 행동 및 루쉰이 '민족혁명전쟁의 대중문학' 구호를 제창한 경과(有關一九三六年周揚等人的行動以及魯迅提出'民族革命戰爭的大衆文學'口號的經過)」가 실렸다. 문혁 시기, 저우양과 샤옌 등을 숙청하려는 자들의 강요로 작성된 글이기는 했지만, 내용 자체가 지닌 객관성으로 말미암아[40] 이 글은 30년대 문단 상황을 이해할 수 있는 중요한 사료로 받아들여졌다.

하지만 이 글이 발표된 이듬해, 당사자 중 한 명인 샤옌은 『문학평론』 제1기에 「일찌감치 잊어버려야 했지만 잊을 수 없는 지난 일들(一些早該忘却而未能忘却的往事)」을 발표하여 루쉰과 '네 명의 사내들'의 갈등이 다시 회자되는 것에 불편한 심기를 드러냈다. 그 후 샤옌의 주장을 반박하는 일련의 글들[41]이 뒤를 이으며 30년대 두 개의 구호 논쟁과 관련된 시시비비가 문단을 뜨겁게 달구었다.

바진은 30년대부터 이어져온 문단의 복잡한 상황을 후대인들이 정확하게 이해하기 바라는 마음에서 이 사건을 다시 소환한다.

---

40 包子衍 등은 펑쉐펑이 기록한 1936년의 행적이 루쉰의 일기, 마오둔과 탕타오 등의 회고와 일치한다고 지적하고 있다. 이와 관련된 내용은 包子衍, 「一件早已肯定而又被否定的往事」, 『文學評論』 1980年 第4期; 余開偉, 「千秋功過 自有曆史評說」, 『文學評論』 동일호; 王辛逸, 「應當公正對待馮雪峰同志」, 『瀋陽師院學報』 1980年 第3期 등 참조.

41 包子衍의 글 「一件早已肯定而又被否定的往事」(『文學評論』 1980年 第4期)가 대표적이다.

그(루옌魯彦)는 루쉰 선생이 쉬마오융에게 답한 글은 쉐펑이 제일 먼저 초안을 잡았다고 말했다. 나는 이 말을 결코 의심하지 않는다. 선생의 글은 멍스환(孟十還)이 편집을 맡은 월간 『작가』에 발표되었는데, 조판하여 인쇄할 때 멍스환이 이렇게 말하는 것을 들었다. 과학인쇄소에 가서 조판 중인 글을 읽어보니 쉬광핑(許廣平) 동지가 베껴 쓴 원고였고 그 위에 루쉰 선생이 친필로 고친 흔적이 있었는데, 나와 관련된 구절은 선생께서 보충하신 것이라고 말이다.

그(펑쉐펑) 역시 쉬마오융에게 답한 글을 언급하면서 선생의 건강을 고려하여 자기가 자발적으로 초안을 잡았지만 선생께서 적잖이 고쳤다고 말했다. (29. 쉐펑을 기념하며)

바진은 자신이 직접 듣고 본 사실을 근거로 루쉰이 쉬마오융에게 보낸 편지의 초안을 잡은 사람은 펑쉐펑이지만, 그 내용은 펑쉐펑이나 후펑이 아닌 루쉰 본인의 생각이었음을 분명히 밝히고 있다.

1957년 베이징에서 열린 중국작가협회 당조 확대회의에서 진행된 펑쉐펑 비판에 대해 바진은 다음과 같이 회상하고 있다.

나는 그가 왜 우파라는 것인지 이해하지 못했다. 그러나 역시 단상에 올랐고 진이와 함께 공동발언을 했다. 이 날 대회는 딩링, 펑쉐펑, 아이칭(艾青) 등에게 우파분자라는 죄명을 씌우는 대회였다. …… 22년 동안 쉐펑의 일을 생각하고 자신의 발언을 생각하면, 마치 바늘이 심장을 찌르는 것 같아 스스로를 책망하게 된다. '남들이 하는 대로 따라 말하는' 것이 익숙했는데, 갑자기 큰 고함소리가 들려 고개를 돌리니 그토록 많은 원혼들이 뒤에서 '배회'하

고 있는 것이다. 이를 나 자신에게 어떻게 설명할 수 있을까? (29. 쉐펑을 기리며)

반우파투쟁 당시의 사회 분위기상, 아무리 명망이 높은 작가라 하더라도 공식적인 자리에서 '우파분자'를 변호한다는 것은 불가능한 일이었다. 정치적 정당성을 인정받고 자신의 안위를 보장받기 위해서는 '우파분자'와 확실히 선을 그어야 했기 때문이다. 그러나 바진은 바로 이 부분에서 '개인'의 역사적 책임을 언급하며 오랫동안 숨겨왔던 죄책감을 드러내고 있다. 30년대 '두 개의 구호를 둘러싼 논쟁'의 내막을 잘 알고 있었으나 '자신을 보호'하기 위해 동료에게 씌워진 누명을 묵인한 것, 그리고 그 묵인의 반복이 만들어낸 것이 얼마나 참혹한 비극이었는지를 되뇌고 있는 것이다. 많은 사람들이 자신을 역사의 희생자로만 인식하고 비극의 책임을 다른 이에게서 찾을 때, 바진은 본인 역시 역사적 책임에서 자유로울 수 없다고 고백한다.

그리고 어느 특정한 관점에서만 사람을 이해해선 안 된다고 지적한다.

사람은 매우 복잡하다. 사람은 바뀔 수 있다. (26. 사람을 관찰하다)

이는 신중국에서 익숙하게 받아들여졌던 정치적 잣대에 근거한 한 개인에 대한 평가를 부정하는 것이자, 문학작품에 흔히 등장하는 단순화, 공식화된 인물 형상에 대한 부정이기도 하다.

『수상록』 제1권은 바진이 역사, 문학, 인간의 진면목을 찾아가는 첫 번째 과정을 담고 있다. 비록 일부 민감한 이슈에 대해서는 회피하고 본심을 드러내길 꺼리지만, 향후 가야할 방향을 이미 결정하고 실천을 통해 그 목표에 도달하고자 하는 의지를 보여주고 있다. 제1권에서 나타나는 바진의 형상은 주저함, 두려움, 열정이 뒤섞인 심정으로 '자아'를 회복해가려는 노인의 모습이다. 이 이미지를 가지고 그는 '탐색'과 '진실'의 영역으로 조금씩 발걸음을 옮긴다.

세계와 자아에 대한 재인식
:『탐색집(探索集)』과『진화집(眞話集)』

‘탐색’과 ‘진실 말하기’의 의미

자신의 길을 걷기 위해 바진은 과거 매우 위험하다고 여겨졌던 ‘탐색’이라는 단어를 선택한다.『탐색집』에서부터 시작하여 ‘탐색’과 ‘진실 말하기’는『수상록』전체를 관통하는 주요 키워드로 자리 잡는다. 바진의 ‘탐색’은 남의 생각을 맹목적으로 따라가지 않고 자기 스스로 생각하는 법을 뜻한다. 어떤 이가 ‘탐색’을 “현실에 불만을 품은 것”이라고 경고한 것을 두고 바진은 어떤 현상들은 확실히 “불만스럽다”고 솔직히 인정한다.[1] 그는 자신의 경험을 털어놓음으로써 한 사람에게 왜 이런 사고방식이 필요한지를 증명하고자 한다. 또 다른 키워드인 ‘진실’에 대해서는「31. 호언장

1「三十七, 探索」.

담」에서 다음과 같이 설명하고 있다.

> 말을 하려면 솔직히 말해야 하고 자기의 말을 해야 한다. 설령 자신의 결함을 말하는 것이라 해도 좋다. ……. 과거 분명히 하지 않았던 일들에 대해서도 제대로 말하고 싶다.

이 설명에 근거하여 그가 말하는 '진실'이란 절대적 의미에서의 '정확함' 혹은 '진리'가 아님을 알 수 있다. 스스로의 사고를 통해 얻어낸 자신의 결론이 바로 바진이 말하는 '진실'이다. 이러한 '진실'은 많은 사람들 또는 관방의 생각과 다를 수 있고 잘못된 부분도 있을 수 있지만, 개인 내면의 감정과 사상을 그대로 표현해낼 수 있는 방법이기도 하다. '솔직한 말'에 대한 바진의 해석은 자아의식을 상실하면서까지 다른 사람들이 말하는 '환상'을 맹목적으로 숭배하는 '칭송파'가 되지 않겠다는 결심을 보여준다. 바진은 '탐색'과 '진실'이라는 두 가치를 들고 자아 형상 회복의 길을 계속 걸어간다.

'탐색'과 '진실 말하기'가 『수상록』의 핵심키워드이긴 하나, 이 둘은 다른 이의 입을 통해 제기되는 형식으로 등장한다.

> 최근 『대공보』에서 바이제밍(白杰明) 선생의 글을 한 편 읽었는데 그 중 한 구절이 매우 마음에 들었다. "만약 진정으로 첨예하고 창조적 의의가 있는 것을 만들고 싶다면, 사람들로 하여금 탐색을 하게 하지 않으면 안 된다." (39. 탐색)

어느 날 만보(新民晚報를 가리킴—필자)의 전임 사장을 만났는데 안부를 물었더니, "아직 건물을 구하지 못했어요"라고 하고는 "구하게 되면 글 한 편 써주시길 부탁할게요"라고 말했다.

나는 "나이가 들어 머리가 잘 굴러가지 않아. 격에 맞는 글을 쓸 수가 없네"라고 대답했다.

그는 "제목을 내드리지 않겠습니다. 진실만 이야기해주시면 돼요"라고 말했다. (49. 진실 말하기)

위의 서술방식은 독자로 하여금 작가가 아주 우연히 '탐색'과 '진실'이라는 핵심어를 발견했다는 인상을 받게 한다. 하지만 작가의 이력과 관련된 다른 글들과 함께 살펴보면 실상 그렇지 않음을 알게 된다.

나는 어릴 때부터 현재 상황에 만족하지 않았고, 항상 나의 상황을 바꾸고 싶어 했다. 무의도식하며 그럭저럭 살고 싶지 않았기 때문이다. 글을 좀 더 쓰고 싶고 두 세 작품을 더 완성하고 싶은 것 역시 여전히 내 상황을 바꾸려는 것이다. (37. 탐색)

나는 인생을 탐색하는 것에서 출발하여 문학의 길로 접어들었다. (38. 다시 탐색을 말하다)

다른 이의 말과 글에서 핵심적 개념어를 우연히 발견하고 이를 빌려 쓰는 것처럼 연출하는 서술방식은 『수상록』에서 자주 등장하는 문학적 기교이다. 이러한 서술방식을 통해 바진은 언급된 지인에 대한 존경을 표함과 동시에 독자들이 더욱 용이하게 글의 주제에 다가가도록 이끈다. 타인의 말을 빌려와 이를 재해석하고 자기의 색깔을 입히는 식으로 바진은 자신의 언어를 만들어간다.

『탐색집』과 『진화집』의 주된 '탐색'은 작가 자신에 대한 탐색과 지식인이 사회문제에 간여하는 문제에 대한 탐색으로 나눌 수 있다. 이 두 가지 탐색은 종종 함께 등장하지만, 논의의 편의를 위해 나누어 살펴보도록 하겠다. 자신에 대한 탐색은 "나는 누구인가"라는 질문에서 출발한다.

> 나는 사회 명사도, '급히 구조되기'를 기다리는 자료도 아니다. 나는 죽을 때까지 펜을 놓고 싶지 않은 일개 작가일 뿐이다. (35. 큰 거울)
>
> 내가 글을 쓰는 것은 살아 있기 때문이다. (39. 탐색 3)
>
> 나는 계속 글을 쓸 뿐 아니라, 더 열심히 쓰려고 한다. (40. 탐색 4)

"나는 누구인가"라는 질문에 대해 바진이 『탐색집』에서 내놓은 답은 '작가', '글 쓰는 사람'이다. 그는 작가를 '예술가'와 같은 선상에 두고 논하지 않는다. 『수상록』에서 이 두 단어는 비교적 엄격하게 구분되고 있다. 아마 바진이 스스로 창작방법, 표현방식 및 기교 등을 깊이 고민해 적이 없고, "기교는 내용을 위해 존재하는 것"[2]이라고 여겼기 때문일 것이다. 그 자신이 문학을 열렬히 사랑하거나 작가가 되고 싶어서 등단한 것이 아니라 "그저 탐색하

2 「三十九, 探索之三」.

기 위해, 인간과 세상을 구원하고 자신도 구원할 길을 찾기" 위해서 소설을 쓰기 시작한 것도 작가와 예술가를 구분지어 사용하는 이유일 것이다.

> 어떻게 해야 더 잘 살 것인가, 어떻게 해야 더 나은 사람이 될 것인가, 어떻게 해야 나라, 사회, 인민에게 공헌할 수 있을 것인가? 내가 쓴 모든 글에는 글을 쓴 이유가 있다. (39. 탐색 3)
>
> 내게 있어 문학의 길은 탐색의 길이다. (38. 다시 탐색을 말하다)

바진 개인에게 있어 가치 있는 작품은 활발한 사상적 활동에서 기인하는 것이다. 바진은 '독립적 사고', '탐색 정신'이 없는 이는 기계인간처럼 진정한 생명력을 상실한 사람이며, '독립적 사고'를 견지한 이야말로 자기의 인생을 향유할 자격이 있는 사람이라고 간주한다. 그의 '글쓰기'는 삶의 실천과 긴밀하게 연결되어 있다. 그는 작품만이 자기의 사상적 발전 과정을 정확하게 표현해낼 수 있다고 주장한다.

> 나는 내가 글 쓰는 것이 생활하는 것과 같다고 말했고, 작품의 가장 높은 경지는 글쓰기와 삶이 일치하는 것, 작가와 한 사람의 일치라고도 말했는데, 주요한 의미는 거짓말을 하지 않아야 한다는 것이다. (『탐색집』 부록: 나와 문학)

따라서 작가로서의 바진이야말로 이상에 대한 추구, 자기 자신과 인생의 진정한 의미에 대한 추구를 드러낼 수 있고, 여러 사람들, 특히 독자들과 진심으로 교류할 수 있다. 그런데 글쓰기와 작가라는 신분에 대한 이 같은 의미부여는 젊은 시절의 생각과 사뭇 다르다. 청년 바진은 항상 책상 앞을 떠나 현실 속 혁명 사업에 참여할 수 있기를 간절히 바랐다.

> 진실로 용감한 사람이 되기 위해서 나는 현실생활에 투신하고 행동 속에서 힘을 찾아야 한다.[3]
>
> 몇 천 자, 몇 만 자, 몇 십만 자, 몇 백만 자, 넌 자신의 생명을 낭비하고 있을 뿐이야! 너의 이 젊은 생명을 다른 유용한 일에 사용할 수 있었는데, 오히려 쓸데없이 낭비하고 있다고![4]

이처럼 '글쓰기'를 혐오했던 그가 만년에 이르러 '글쓰기'를 긍정하게 된 것은 신중국 성립 후 자신에게 행해진 비판과 상당부분 관계가 있다. 특히 1958년 베이징의 세 잡지사가 연합으로 진행한 바진 작품 토론과 문혁 기간 중 겪었던 수많은 비판들이 노인의 머릿속에 생생히 남아 있었을 것이다.

1958년 "홍기를 꽂고 백기를 뽑자(插紅旗 拔白旗)"고 주장하며 일어난 소위 '발백기' 운동은 대약진 운동이 사상적 분위기를 조장하였다. 당시 베이징 사범대학 중문과, 우한(武漢)대학 중문과 학생들은 '바진 창작 연구 소조'를 성립하고 『중국청년』, 『독서』,

3 巴金, 「我的呼號」, 『生之懺悔』, 商務印書館, 中華民國 25년, 23쪽.
4 巴金, 「我的夢」, 『生之懺悔』, 商務印書館, 中華民國 25년, 25-26쪽.

『문학지식』 등의 간행물에 연속으로 글을 발표하여 '바진 작품 토론'을 전개했다.[5] 베이징 사범대학 중문과 학생들은 연구 소조 성립 이유를 다음과 같이 밝히고 있다.

> 우리는 5·4래 신문학 유산에 대해 마르크스 레닌주의의 관점에서 정리, 연구, 비판해야 하고 무비판적으로 받아들이거나 다른 사람의 말을 따라 해서는 안 되며, 바진 창작에 대한 일부 자산계급 평론가의 평론에 굴복해선 안 되고 반드시 철저하게 비판해야 한다고 생각했다. 이것이 바진 창작 연구 소조를 준비하고 성립한 계기이다.[6]

이들은 작품의 시대적 배경과 줄거리의 맥락을 무시한 교조주의적 입장에서 바진의 창작이 "삶에 대한 신념을 저버리게 하고" "공허함을 느끼게 한다"고 지적하고, 『애정 삼부곡』에서 선양한 "개인주의, 자유주의, 공산주의 사상은 서로 용납할 수 없는 것으로 사상이 건강하지 못한 젊은이들을 타락시키는 효과만을 일으킬 뿐"이라고 비난했다.[7] 공개 석상에서의 망신이나 신체에 직접 가해진 폭력은 없었지만, 발백기 운동 시기 비판의 논조는 문혁시기와 기본적으로 유사했다.

---

5 周立民著, 『巴金『隨想錄』論稿』, 復旦大學出版社, 2011, 25쪽.

6 北京師範大學中文系巴金創作硏究小組, 「『巴金創作評論』後記」, 『巴金創作評論』, 130-132쪽.

7 北京師範大學中文系巴金創作硏究小組, 『巴金創作評論』, 40, 43쪽.

그는 문혁 때 겪었던 여러 비판회에서 자신이 '독립적 사고'를 상실하고 그저 "일률적으로 고개를 끄덕였다"고 회상한다.[8] 하지만 어느 정도 시간이 흐른 후 자신을 향한 비판이 합리적이지 않고, 오로지 자신을 타도하기 위해 작품의 사상과 인물들을 비판한다는 사실을 발견한다.

> 69년 이후 나는 점차 '조반파'가 나더러 믿게 하려는 '진리'를 자신들은 정작 믿지 않는다는 것을 발견했다. 그들의 입에서 나온 말은 결코 그들이 마음으로 생각하는 바가 아니었다. (69. 십년일몽)

이러한 발견은 그로 하여금 자신의 작품을 더욱 소중히 여기게 했다. 1949년 이전, 혁명 운동에 몸 바치고자 했던 바진은 글쓰기를 현실도피로 간주하며 곤혹스러워했지만, 글 자체가 담고 있는 사상과 감정은 진실했기 때문이었다.

『수상록』 전체에 걸쳐 바진은 자기 내면에 여전히 지식인 정신이 불타오르고 있음을 강조한다. 제1권에서 그는 자기를 '5·4 운동의 산아'라고 일컫는다.[9] 열다섯 살 때부터 5·4 운동의 영향을 받은 바진은 자신이 지식인이라는 사실을 망각한 적이 없다. 『탐색집』과 『진화집』에서는 지식인에 관한 두 가지 문제를 다루고 있다. 첫 번째는 신중국 성립 이후 지식인들의 운명이고 두 번

8 「五十七, 究竟屬於誰?」.

9 「十四, 五四運動六十周年」.

째는 현 시점에서 지식인들이 짊어져야 할 사회적 책임 문제이다. 제1집과 마찬가지로 바진은 계속하여 지인들을 위해 변호한다. 「33. 방즈 동지를 애도하며(悼方之同志)」, 「34. 라오셔 동지를 회고하며(懷念老舍同志)」,「43. 례원을 회고하며(懷念烈文)」, 「55. 자오단 동지(趙丹同志)」, 「67. 평 선생님을 회고하며(懷念豊先生)」, 「81. 만타오 동지를 회고하며(懷念滿濤同志)」 등의 글은 비장한 어조로 재능이 넘쳤던 지식인들의 불행한 운명에 대해 서술한다.

> 그의 작품은 그가 매우 재능이 있었음을 보여준다. 아름다운 꽃처럼 막 피어날 무렵 그의 청춘은 '우파 확대회 반대'라는 광풍을 만나 잔혹하게 짓이겨졌다. 그의 때 이른 죽음 역시 그 20년간의 불우한 운명의 결과였다. (33. 방즈 동지를 애도하며)
>
> 전국이 해방된 후, 그는 해외에서 돌아와 조국의 사회주의 건설 사업에 참여했다. 그는 가장 열심히 글을 쓴 모범 노동자였다. …… 자신의 심령 속 보배를 온전히 바치지 못해 라오셔 동지가 얼마나 큰 아쉬움을 품고 눈을 감았을지 족히 상상할 수 있다. (34. 라오셔 동지를 회고하며)
>
> 자오단은 우리들의 마음 속 말을, 하고 싶어도 할 수 없었던 말을 해주었다. 아마 너무 늦게 말했을지 모르나 그래도 그는 이 말을 처음으로 한 사람이다. (56. "두려울 것이 없다")

『탐색집』에 소개된 인물들과 바진 사이에는 상당히 많은 공통점이 있다. 특히 그들의 발언들은 바진의 속내를 대변해준다.

> 그는 5년의 계획을 세우고, "다시 5년 간 열심히 일하려 한다."고

말했다. (33. 방즈 동지를 애도하며)

나는 우리나라를 사랑하네만, 누가 나를 사랑해주지? (34. 라오셔 동지를 회고하며)

"글쓰기에 몰두하고, 명성을 쫓지 않는다." (43. 례원을 회고하며)

그가 '병상에서' 쓴 「너무 구체적으로 관여하면 문예는 희망이 없다」의 마지막에는 이런 구절이 있다. "나에겐 이미 두려울 것이 없다." (55. 자오단 동지)

바진과 마찬가지로 이들은 모두 해방 이후 일련의 정치운동을 거쳤고, 문혁기간 중에 '소 귀신과 뱀 귀신' 취급을 받으며 온갖 수모를 겪었다. 바진이 그들에게서 자신의 모습을 발견한 것은 매우 자연스러운 일이라 할 것이다. 이 때문에 『탐색집』의 회고문 속에는 감정이 풍부하게 드러나는 표현들이 자주 등장한다. 이미 세상을 떠난 사람들을 회고할 때 바진은 과거 그들에게 행해졌던 불합리한 대우를 비판할 뿐 아니라 되돌릴 수 없는 그들의 청춘과 재능으로 인해 깊은 유감을 표한다.

나는 다시 작년 12월에 했던 말을 반복한다. "그들에게 좀 더 관심을 보여주고, 좀 더 아껴주시오. 너무 늦을 때까지 비판하지 말고." (34. 라오셔 동지를 회고하며)

이는 늙은 지식인의 내면에서 우러나오는 진심어린 호소이자 탄식이라 하겠다.

방즈와 바진은 반우파 투쟁 전 한 번 만난 적이 있을 뿐, 결코 가까운 사이는 아니었다. 하지만 방즈의 작품이 남다른 사상적 깊이가 있고, 문학과 사회에 대한 그의 태도가 자신과 유사한 면이 있었기에 바진은 애도의 글을 발표하게 된다. 동시에 방즈를 빌어 문학작품의 수준에 대한 자신의 요구를 드러내고 젊은 작가들이 방즈처럼 "편집자가 차마 발표할 수 없는" 첨예한 글을 쓰도록 격려하고 있다. 이는 젊은 시절 및 『수상록』 집필 당시 자기의 창작 정신을 긍정하는 한 방법이기도 하다.

1979년 이래 지식인의 불행한 운명은 사상계의 보편적인 화두로 그 이면에는 5, 60년대 지식인 정책에 대한 사상계의 불만이 깔려있다. 해방 전후, 실제로 많은 지식인들이 애국심에 가득 차 조국의 발전과 번영에 헌신하고자 해외에서 돌아오거나 출국을 취소했다.[10] 하지만 조국이 그들에게 안겨준 것은 '불신'과 '비극적인 운명'이었다.

작가 바이화(白樺)는 한 영화극본을 통해 당시 지식인들의 이러한 심정을 절절히 드러냈다.

---

10 라오셔, 차오위(曹禺), 볜즈린(卞之琳) 등은 신중국 성립을 전후하여 귀국한 대표적인 문인이다. 작가 천위칭(陳逾慶)은 영국 런던대 도시계획학 박사이자 베이징 고도를 보호하는 '양천 기획'의 설계사 중 한 명이었던 자신의 아버지가 1949년 5월 동료의 초청을 받아 홍콩을 경유하여 영국으로 가는 배표를 사두었지만, 상하이에 진입한 인민해방군의 엄격한 규율에 감동하여 출국 배표를 찢어버렸다고 회상한다. 한사오궁 지음, 백지운 옮김, 『혁명후/기』, 글항아리, 2016, 74쪽.

> 전 아버지를 알아요, 너무 잘 알죠! 아빠는 우리나라를 사랑하시죠, 고통스러울 정도로 이 나라에 미련을 두시죠. ……하지만 이 나라가 아빠를 사랑해주던가요?[11]

이는 신중국 이래의 역사가 중국 지식인에게 남긴 질문이었다. 바진은 「34. 라오셔 동지를 회고하며」에서 라오셔의 작품 속 대사를 빌어 동일한 질문을 제기하고 있다. 사실 라오셔의 희극 『찻집(茶館)』은 신중국 이전을 시대배경으로 하고 있기 때문에, 극중 인물의 대사 "나는 우리나라를 사랑하네만, 누가 우리를 사랑해주지?"는 이전 정권 하의 민초들이 내뱉는 고통스러운 탄식이라고 봐야한다. 하지만 바진은 전혀 다른 사회 환경인 1980년대로 이 대사를 끌고 와 라오셔와 동시대 지식인들의 불행한 운명을 이야기하고 있다.

영화계를 대표하는 유명 배우 자오단은 죽기 전 대단히 직설적인 글을 한 편 발표하여 수많은 문예계 인사들의 생각을 대변했다. 그의 "두려울 것이 없다"는 고백은 죽음을 앞두고서야 속내를 털어놓을 수 있는 지식인의 비애를 드러낸다.

> 내가 아는 것은 일부 예술가들, 당의 사업에 충성스럽기 그지없고 흔들림이 없는 예술가들이 "당의 지도를 강화한다"는 말만 들으면, 조건반사적으로 겁을 낸다는 것뿐이다.

---

11 白樺, 『苦戀』, 北京市文聯硏究部, 『爭鳴作品選集』 第一輯, 1981년, 53쪽.

문예는, 문예가가 알아서 할 일이다. 만약 당이 문예를 너무 구체적으로 관리한다면, 문예는 희망이 없고 끝장이 난다.

문예 창작은 가장 개성적인 것으로, 거수로 통과시킬 수 없다! …… 문예는 역사적 시기로 제한받지 않고 받을 수도 없는 것이다.[12]

몇 십 년간 정치선전의 무기 역할을 해온 문예를 '제한을 받지 않는' 독립적인 영역으로 평가한 자오단의 발언은 분명 관방 문예 정책에 대한 대담한 도전이었다. 그의 진심어린 목소리는 당시 지식계의 보편적인 생각을 대표할 뿐 아니라, 그 세대 지식인들의 고통을 표현한 것이기도 했다.

유언이나 마찬가지였던 자오단의 발언은 당의 심기를 매우 불편하게 만들었다. 당시 중공중앙 선전부장이었던 왕런중(王任重)은 자오단을 겨냥하여 『인민일보』 제8면(문예면)의 "사상노선이 단정치 못하다"고 공개적으로 비판했다.[13] 이 때문에 일부 문인들은 자오단의 발언에 공감하면서도 "그 글의 논점에 다 찬동하진 않지만"이라는 유보적인 태도를 보이기도 했다.[14]

관방의 노골적인 비난에도 불구하고 바진은 「55. 자오단 동지」, 「56. "두려울 것이 없다"」, 「57. 도대체 누구에게 속한 것인가?」를 연속으로 발표하며 자오단을 공개적으로 지지한다.

12 趙丹, 「管得太具體, 文藝沒希望」, 『人民日報』 1980년 10월 8일, 제5면.

13 顧驤, 『晚年周揚』, 文匯出版社, 2003, 12-13쪽.

14 柯靈, 「悼趙丹」, 『柯靈散文選集』, 百花文藝出版社, 1993.

진실을 말하자고 제창한 건 나였는데, 도리어 그가 병상에서 본보기를 세웠다.

그렇다면 내가 자오단 동지의 유언인 "너무 구체적으로 관여하면 문예는 희망이 없다"는 말에 동의함을 솔직하게 인정하게 해 달라. (56. "두려울 것이 없다")

자오단의 말과 그 의미를 반복함으로써 바진은 예술계 전체가 문예의 발전 방향에 대해 고민하고 그에 필요한 독립적인 사고를 견지해야 한다고 주장하고 있다.

해방 전 아나키스트들과 함께 리다(立達) 학원을 세워 운영한 바 있는 유명 만화가 펑즈카이(豊子愷)는 1962년 상하이 제2차 문대회에서 문예는 '백화제방'의 발전 규율을 따라 성장해야 한다고 주장했다.

그것(문예)이 향기로운 꽃이고 반드시 피어야하는 꽃임을 인정한다면, 스스로 자라가게 해주는 것이 가장 좋다. 그것의 성장을 '도우려'하지 말고 간섭하지도 말고 말이다.[15]

문혁시기, 위의 발언과 키우던 고양이를 소재로 한 산문 「아미(阿咪)」는 마오쩌둥을 비판한 '반사회주의' 독초로 간주되었으며, 펑즈카이를 겨냥한 괴상한 비판들이 그 뒤를 이었다.

---

15 豊子愷, 「我作了四首詩」, 『豊子愷文集』 第六卷, 浙江文藝出版社·浙江教育出版社, 1992, 631쪽.

한 공장에 붙은 대자보에서는 내가 쓴 "산에 가득한 붉은 단풍, 아가씨는 땔나무를 하네"가 풍자라고 했다. 붉은 것은 중국이고 땔나무를 한다는 것은 붉은 단풍을 가져간다는 것이니, 붉은 중국을 반대한다는 것이다.[16]

펑즈카이는 억울함을 풀지 못한 채 1975년 한 병원 응급실 관찰구역에서 병사했다. 바진은 "권세가 있는 사람이 하는 것은 무조건 옳다"는 식의 설득력 없는 비판이 펑즈카이를 향했다고 지적하며, 지식인들을 "죽은 후에 그리워하기보다 생전에 아껴달라"고 다시 한 번 호소한다.[17]

「81. 만타오를 회고하며」는 바진이 처음으로 쓴 후펑분자에 관한 글이다. 바진이 만타오와 직접적인 관계가 없었음을 감안하면, 이 글의 목적이 당시 명예회복 중인 후펑분자 문제를 다루고자 함임을 알 수 있다. 바진은 후펑이 억울하다거나 후펑의 문예사상에 문제가 있다는 발언은 일절 하지 않는다. 단지 '반후펑 운동'이 얼마나 황당한 사건인지에 대해서만 이야기하고 있다. 당시 장만타오(張滿濤)에게 내려진 평가는 후펑의 영향을 받았지만 반혁명운동에는 참여하지 않은 경미한 수준의 '후펑분자'였다. 문혁 시기, 문예출판사의 한 지도자가 그의 근면한 업무태도를 높이 평가하여 상부에 그의 죄명을 벗겨주기를 요청하였다. 상부에서는 장만

16 豊子愷, 『豊子愷自傳』, 江蘇文藝出版社, 1996, 367쪽.

17 「六十七, 懷念豊先生」.

타오의 과거 기록을 조사하던 중, 십년 전 그에게 붙여진 죄명이 반혁명분자였는데, 행정상의 착오로 일반적인 후펑분자로 처리했다는 사실을 발견하였다. 이것이 빌미가 되어 그는 다시 '반혁명' 분자로 선포되고 하루아침에 모든 정치적 권리를 박탈당하였다. 바진은 문혁시기 장만타오의 어이없는 처지에 대해서만 언급하고 있지만, 이를 통해 '반후펑 운동'의 과정 중에 얼마나 어처구니없는 사건들이 자주 등장했었는지를 암시하고 있다.

반후펑 운동 중 가장 황당무계한 사건은 정부가 후펑과 친구들의 사적 편지를 공개하고 이를 반혁명의 근거로 내세운 것이었다. 이는 지식인들에게 적잖은 충격을 안겨주었다.

> 내게 가장 깊은 인상을 남긴 것은 '후펑 집단'에 관한 세 가지 자료였다. 이 자료를 나도 여러 차례 학습하고, 잘못된 비판론을 적잖이 발표했다. 그러나 지금까지도 이해할 수 없는 것은 일부 문인들이 친구에게 보낸 편지가 '독극물'로 변하여 한 방울 한 방울씩 피를 흘리게 하고 사람의 생명을 앗아가게 했다는 사실이다.[18]

지식인 타도를 위해 이뤄진 다수의 정치운동 속에서 수많은 지식인들이 억울한 누명을 쓰고 세상을 떠났다. 바진은 이에 애석함을 표하는 동시에 사회를 향해 지식인에 대한 불공정한 대우를 철회하고 그들을 소중히 여겨줄 것을 요청한다.

---

18 巴金, 「『巴金書信集』序」, 『再思錄』, 上海遠東出版社, 1995, 140쪽.

무정부주의에 대한 조심스러운 접근

『탐색집』과 『진화집』에서 바진은 조금씩 무정부주의문제를 언급하기 시작한다. 바진이 이 문제를 되도록 회피하려던 이유는 공산당 치하, 특히 문혁시기에 무정부주의가 '반당 반사회주의'적 사상으로 간주되었기 때문이다.[19] 극단적인 정치 분위기 속에서 이 문제를 설득력 있게 변호할 방법이 없었기에 그는 문혁 종결 이후로도 상당 기간 침묵을 지켰다. 그리고 사회적 관념에 차츰 변화가 생기자, 무정부주의와의 관련성에 대해 언급하기 시작한다.

> 자신의 행복을 다른 이의 고통 위에 세우지 마라……, 많은 사람을 위해 자신을 희생하라……. 내가 작품 속에서 상세히 설명한 것은 바로 이 사상이다. (38. 다시 탐색을 말하다)
>
> 1930년부터 1937년까지 거의 매년 항저우에 갔는데, 우리는 청명절을 전후로 습관적으로 서호에 놀러갔다. (65. 팡링루 누님을 회고하며)
>
> 1930년, 나는 여전히 나의 사상이 영원히 정확하고 변치 않을 것이라고 여겼다. (68. 『서발집』 재서문)
>
> 나에게는 일찍이 샤먼(夏門)노조에서 일을 하고 전등회사 파업사건 때문에 징역을 살았던 친구가 한 명 있었다. (76. 마(馬) 형님을

19 무정부주의를 반당 반혁명사상으로 간주한 것과 관련해서는 胡萬春, 唐克新, 「徹底揭露巴金的反革命面目」; 上海作家協會革命造反兵團·上海工人革命文藝創作隊, 「反革命的『激流』三部曲 — 『家』『春』『秋』」, 『巴金專集』 第一冊, 江蘇人民出版社, 1981 참조.

회고하며)

1930년 10월, 나는 처음으로 서호(西湖)에 놀러갔다. (85. 서호)

"자신의 행복을 다른 이의 고통 위에 세우지 마라"는 바진이 평생의 좌우명으로 삼았던 크로포트킨의 말이다. 크로포트킨에 대해서는 「67. 평선생을 회고하며」에서 1930년 그의 자서전을 번역했다고 언급한 것에 그치지만, 그의 명언은 『수상록』 곳곳에서 인용되고 있다. 또한 바진이 항저우의 아름다운 호수 서호를 자주 거론하는 이유는 이 장소가 아나키즘 활동과 관련이 있기 때문이다. 1930년대 무정부주의자들은 청명절이 되면 서호 근처에 있는 중국 아나키즘의 대부 류스푸의 묘로 성묘를 하러 갔다. 1930년 10월 이곳에 놀러 간 것은 문예관련 논문 게재와 무정부주의 선전을 목적으로 발간했던 잡지 『시대의 앞에서(時代前)』의 출간 준비 회의에 참석한 것을 뜻한다.[20] 이처럼 단편적이고 함축적인 구절들을 통해 바진은 무정부주의와의 관련성을 암시하고 긍정의 제스처를 취하기 시작한다.

마중룽(馬宗融)은 회족(回族) 출신의 번역가로 여성작가 뤄수(羅淑)의 남편이다. 그는 무정부주의사상에 관심을 보이긴 했지만, 실제 운동에 참여하진 않았다. 1927년, 대혁명이 실패로 끝나자 우즈휘이(吳稚暉), 리스정(李石曾) 등 같은 고참 아나키스트들은 모

20 『시대의 앞에서』는 1931년 1월부터 출간되었다. 陳思和, 『人格的發展 — 巴金傳』, 上海人民出版社, 1992, 123쪽.

두 국민당 당원이 되어 남경정부의 당내 숙청을 공개적으로 지지했을 뿐 아니라, 국민당 중앙 검찰위원회에서 공산당 탄핵 공문 제출에 앞장섰다. 우즈휘이 등의 변절에 실망한 젊은 아나키스트들은 선배들을 맹렬히 비난하고 그들과의 관계를 끊었다. 당시 리스정이 경영했던 자유서점은 주간 신문 『혁명』을 발행하였다. 『혁명』의 편집장 비슈사오(畢修勺)와 바진은 본래 막역한 사이였지만, 바진은 대혁명 실패 후 비슈사오가 리스정과 협력하고 사상적으로 타락했다고 여겨 그와의 왕래도 단절했다.[21] 그랬던 두 사람이 1934년 마중룽의 중재로 관계를 회복하게 된다. 마중룽과 무정부주의자들 간의 인연 때문에 그에 대한 회고의 글을 쓰지 못했던 것은 바진에게 큰 부끄러움으로 남아 있었다.

> 과거 한 시기 나는 장관의 말을 진리로 여겼고, 또 한 시기에는 '명철보신'이라는 옛 교훈을 성심을 다해 떠받들었다. 지금 되돌아보니 참으로 죽은 벗을 볼 면목이 없다. (76. 마(馬) 형님을 회고하며)

이 글에서부터 바진은 과거 자기가 실제 혁명운동에 활발하게 참여했던 적극적인 무정부주의자였음을 인정하기 시작한다.

> 나는 마중룽 형님을 다시 보고, 그의 자상하기 그지없는 미소를 보았다. 그는 "잘 지냈어? 요 몇 년 간?"이라고 말했다. 그는 내 등

21 陳思和, 『人格的發展 — 巴金傳』, 上海人民出版社, 1992, 96-97쪽.

뒤 소파에 앉아 말을 이어갔다. "우리가 자네를 걱정했잖아!" 얼마나 친절한 음성인지.

이 단락은 과거의 기억에 근거한 바진의 환상이다. 마중룽이 걱정한 것은 물론 아나키스트 운동가로 활동했던 바진의 안전이었다. 자신을 걱정해주었던 마중룽을 기억함으로써 그는 과거 아나키스트로서의 행적을 완곡하게 드러내고 있다.

외재적 압력으로 인해 숨길 수밖에 없었던 이 사상은 만년의 바진에게 다시금 투쟁할 수 있는 힘과 용기를 제공해주었다. 아나키즘과 관련된 과거사를 인정하는 것이 '자아 형상' 회복의 범주에 속함은 물론이다. 문혁 종결 이후 다시 작품을 창작하게 된 바진은 실제로 신중국 성립 이전의 사상과 생활태도의 연장선상에 서려고 노력한다. 해방 이전과 이후의 작품에 대한 평가에서 그러한 태도를 확인할 수 있다.

그것들(해방 이전의 창작물을 수록한 14권 문집을 가리킴—필자)은 결코 독초가 아니다. (6. '독초병')

하지만 교정을 볼 때 문집(해방 이후 산문을 수록한 『횃불집(爝火集)』—필자)의 전반부는 대부분 '칭송하는' 글이고, 글 속에 호언장담이 가득하다는 것을 발견했다. (31. '호언장담')

만약 「다자이행(大寨行)」에 허상이 있다면, 그 앞에 배열된 문장들, 그 수많은 호언장담은 설마 진짜란 말인가? (49. 진실을 말하기)

이처럼 무정부주의에 대한 바진의 긍정적 태도는 과거 창작물에 대한 평가에도 변화를 가져오고 있었다.

지식인의 사회적 책임

바진의 '탐색'이 내포하는 또 다른 측면은 사회에 대한 지식인의 책임과 양심의 실천이다. 주의해야 할 것은 사회 실천에 있어 바진이 지식인 작가라는 신분을 결코 벗어나지 않는다는 점이다.

> 그는 지금까지도 '탐색'하고 있다. 그는 시종 작가에게 어떤 책임이 있는지 잊지 않을 것이다. 그의 소설은 그의 친구가 말한 바와 같이 '한 덩어리의 불, 한 자루의 칼'이다. 지금은 이런 작품이 필요하다. (33. 방즈 동지를 애도하며)
>
> 나는 이렇게 생각한다. 만약 이 십 년의 고통스런 생활에 대해 결론을 내리지 않고 자신을 철저히 해부하는 데에서 출발하여 당시 발생한 일들에 대해 확실히 하지 않는다면, 언젠가 상황이 바뀌게 되었을 때 또 다시 최면술에 걸려 아무 이유 없이 전혀 다른 사람이 될 것이니, 이 얼마나 무서운 일인가! 이는 심령의 빚이다. …… "써라, 써라." 마치 어떤 음성이 항상 내 귓가에서 말하는 것 같다. (『탐색집』 부록: 나와 문학)
>
> 내가 글을 쓰는 것은 투쟁하고, 폭로하고, 규탄하기 위함이고, 나라와 인민에게 공헌하기 위함이다. …… (『탐색집』 후기)

자신의 자리에서 지식인으로서의 책임을 다할 수 있기를 바라는 간절한 열망은 작품 곳곳에서 포착된다. 그리고 그 열망은 젊은 작가들을 변호함으로 구체화된다.

1978년 상하이에서 발생한 장취안룽(張泉龍) 사기 사건은 상당 기간 인구에 회자될 정도로 세간의 관심을 모였다. 이 사건의 전말을 간단히 소개하자면 다음과 같다. 상하이의 평범한 지식청년 장취안룽은 자신을 당시 인민해방군 부(副)총참모장 리다(李達)의 아들이라고 속여 몇 몇 간부들과 접촉했는데, 리다의 권력을 이용하여 사익을 추구하고자 했던 간부들은 이 젊은이에게 온갖 향응을 제공하고 편의를 봐주었다. 얼마 후, 그의 사기 행각이 발각되자 관련 소식이 순식간에 민간으로 퍼져나갔다. 하지만 대다수 인민들은 간부들을 속인 사기꾼을 오히려 불쌍히 여기고, 피해를 입은 간부들을 비난하였다. 여기에는 절망적인 상황에 처한 지식청년들에 대한 동정론이 한몫하고 있었다. 문혁기간 하방 되었다가 귀향이 허용되지 않아, 본인의 의사와는 상관없이 농촌에 잔류하는 지청 인구가 이미 수백만에 이르렀다. 이들은 도시로 직장을 옮기는 것도, 직장을 찾는 것도 어려웠으며, 가정을 꾸리려 해도 집을 장만할 수가 없었다. 사람들은 이러한 지식청년의 현실 문제를 잘 알고 있었기에 간부를 상대로 사기를 쳤던 범죄자에게 오히려 관대한 입장을 취했던 것이다.[22]

22 지식청년들의 현실 문제는 그 후로도 좀처럼 해결되지 못했다. 1985년에는 이미 상당히 나이든 '지식청년' 세대가 자신들의 불만과 요구를 공식적으로 표출시킨 사건이 발생하기도 했다. 17년 전 젊은 나이에 산시(山西)로 갔던 수백 명의 사람들이 법을 어기고 베이징으로 돌아와서 중국공산당 본부 계단을 점거하며 농성을 벌인 것이다. 그러나 베이징에서의 거주와 일자리를 요구하는 그들의 목소리는 결국 받아들여지지 못했다. 베이징 같은 대도시

사예신(沙葉新), 리서우청(李守成), 야오밍더(姚明德) 세 명의 작가가 합작한 6막의 희곡 『만약 내가 진짜라면』은 장취안룽 사기 사건을 소재로 하여 각색한 작품이다. 당시 소문은 분분했으나 공식적인 매체 보도는 단 한 건도 없었기 때문에, 『만약 내가 진짜라면』의 발표와 공연은 이 사건을 정식으로 공개하는 역할을 하였다.[23] 워낙 유명한 사건을 소재로 한 탓도 있지만, "내 유일한 죄명은 내가 리다의 아들이 아니라는 것이다.", "내가 만약 진짜 그의 아들이었다면 어떻게 할 건가?"라는 사기꾼의 말[24]을 그대로 가져와 간부들을 향해 비판의 날을 겨누었다는 점에서 이 작품은 발표되자마자 격렬한 반향과 논쟁을 불러일으켰다.

그러나 『만약 내가 진짜라면』의 실제 공연은 어느 공장 강당에서 서너 차례 이뤄진 데에 그쳤으며, 1980년 1월에 개최된 '각본 창작회의'에서는 『사회의 당안 중에서』, 『여도적』 등 현실을 사실적으로 그린 다른 각본들과 함께 "극중 인물형상이 형성된 전체 환경은 3중 전회 이후의 현실에 비추어 볼 때 충분히 진실 되지 않으며 충분히 전형적이지 않다", "동정해서는 안 되는 인물을 분석하지도 않은 채 동정했다"[25]는 지적과 비판을 받고 영화화가 좌

는 주택 입주 대기자가 넘쳐나서 아주 작은 집이라도 몇 년을 기다려야 하는 상황이었기 때문이다. 조너선 D. 스펜서 지음, 김희교 옮김, 『현대중국을 찾아서』 2, 이산, 1998, 310-311쪽 참조.

23 「爭議是如何引發的 —『假如我是眞的』臺前幕後」, 『南方週末』 2008年 12月 11日.

24 「三十二, 小騙子」.

절되었다.[26]

관방의 공개적인 비판에도 불구하고 바진은 이 작품에 대한 긍정적인 평가를 철회하지 않는다.

> 극이 비록 성숙하지 못하고 결점도 있으며 시사문제를 다룬 연극 같긴 하지만, 나쁜 기풍에 채찍을 가하고 특권사상을 비판하여 열이 나고 현기증이 난 모두의 머리 위에 찬물을 끼얹은 것 같았으니, 이 연극의 상연은 좋은 효과를 미친 것이다. (54. 다시 사기꾼에 대해 말하다)

이는 과거 반후펑 운동, 반우파 투쟁 때 관방의 정치적 결론을 충실히 따르며 작가와 작품을 비판했던 것과 선명한 대비를 이룬다.

극작가 사예신 뿐만 아니라, 소설가 천룽(諶容)에 대한 바진의 지지도 눈여겨볼만 하다. 그녀는 『수상록』과 『창작 회고록』에서 세 번에 걸쳐 언급될 정도로 노작가로부터 높은 평가를 받고 있다.

> 나는 이 소설을 좋아한다. …… 『중년이 되어(人到中年)』는 우리 사회의 결함을 묘사했지만, 작가가 만들어낸 인물에게는 애국주의

25 胡耀邦, 「在劇本創作座談會上的講話」, 『三中全會以來重要文獻選集』 上, 人民出版社, 1982, 374쪽.

26 류원빙 지음, 홍지영 옮김, 『중국 영화의 열광적 황금기』, 산지니, 2015, 149쪽.

적 감정이 충만하다. 이런 감정은 공허하거나 거짓된 것이 아니라 심오한 것으로 행동을 통해 표현된 것이다. (50. 『중년이 되어』)

『진실과 거짓이 섞여(眞眞假假)』는 『중년이 되어』 작가의 또 다른 훌륭한 작품이다. 그녀는 진실을 말하는 용기를 지니고 있다. (79. 진실 말하기를 세 번째로 이야기하다)

나는 자신이 『중년이 되어』와 같은 소설을 쓸 수 있길 얼마나 희망하는지 모른다. …… 나의 중편 소설 『환혼초(還魂草)』 이야기를 하다가 갑자기 감정이 동해 천룽 동지의 『중년이 되어』를 끌어들인 이유는 이 작품이 내 속마음을 이야기해주고 나에게 아름다운 정신세계를 열어주었기 때문이다. 나에게 아직도 그토록 큰 용기와 많은 힘이 있었다니![27]

이처럼 여러 차례에 걸친 긍정적인 평가는 '진실을 말한' 천룽의 용기가 노작가의 마음에 세대를 뛰어넘는 공명을 일으켰기 때문이다. 사예신, 천룽 등 젊은 작가들의 작품에 대한 지지는 두 가지 의미를 포함하고 있다. 하나는 새로운 세대의 작가 정신을 고취하는 것이고, 다른 하나는 그들의 창작정신에 찬성함으로써 자신의 주장을 더욱 견고히 하는 것이다. 『대공보』에 『수상록』을 연재하는 8년 동안, 바진은 숱한 풍파를 겪어야 했다. 비록 지난날의 정치 폭풍처럼 참혹하진 않았지만, 이 풍파들은 무시할 수 없는 정신적 압박으로 작용했다.[28] 이 같은 상황에서 사상적 동지

27 巴金, 「八, 關於『還魂草』」, 『巴金全集』 第20卷, 人民文學出版社, 1993. 660쪽.

28 "『대공보』에 『수상록』을 겨우 열 몇 편 연재했는데 각양각색의 잡음들이 내 귀에 들려올 줄은 생각지도 못했다. 어떤 사람은 내가 홍콩에 글을 발표

를 만나는 것은 쉽지 않은 일이었다. 『수상록』을 쓰기 시작할 무렵, 바진은 오랜 친구인 차오위(曹禺)에게 수차례에 걸쳐 자신과 같은 길을 갈 것을 요청한 바 있다. 하지만 그는 개인적 친분을 떠나 '독립적 사고'와 '진실을 말하는' 용기가 있는 사람에게는 누구를 막론하고 격려와 변호를 아끼지 않았다. 젊은 작가들에 대한 지지는 자기의 사상적 노선을 긍정하는 또 다른 방식인 셈이다.

자아 해부와 '마음의 노예'

『탐색집』과 『진화집』에서 바진은 계속 문혁을 회고하면서 더 심도 깊은 '자아 해부'를 진행한다. 「36. 강아지 포티(小狗包弟)」에서 그는 자기 내면에 존재하는 성격의 일면을 독자에게 공개한다. 문혁 당시 집집마다 쳐들어가 난동을 부리는 홍위병의 주의를 피하기 위해 바진은 집에서 기르던 포티라는 강아지를 병원 실험실로 보냈다. 강아지를 처리하고 난 후, 그는 "홀가분했고, 정말 '짐'을 내던져버린 듯한 느낌을 받았다." 하지만 얼마 지나지 않아 "강아지 포티뿐만 아니라" 자기 자신조차도 "해부 당하고 있음을" 발견하게 된다. 결국 그는 이전에 그토록 비판하고 혐오했던 '쥐신 성격'이 자기 안에 있음을 깨닫게 된다.

하는 것이 잘못을 범하는 것이라고 떠벌렸고, 친구가 베이징에서 보낸 편지에는 상하이에서 나에 대한 비판을 진행할 것이라고 써져 있었다. 또 다른 사람은 한 행사에서 내가 '다른 정치적 견해'를 견지한다고 퍼뜨렸다." 『再思錄』, 上海遠東出版社, 1995, 126쪽.

나는 이렇게 치욕스러운 모습으로 외부의 압력을 참고 견디는 십년 재난의 고통스런 생활을 시작했다. 한편으로는 자신을 책망하면서도 다른 한편으로는 스스로를 보전하고 싶었고 가족들이 나와 함께 지옥으로 떨어지지 않길 바랐다. 결국 나 자신도 포티로 변한 것이다. 해부대 위에서 죽지 않은 것은 뜻밖의 행운이었다.

가족들의 안전과 행복을 위해 자기의 모든 것을 희생하지만 결과적으로 행복을 얻지 못하고 가족은 물론 자신마저도 잃고 마는 것이 소위 '줴신 성격'이 자초한 결과이다. 바진은 『격류 삼부곡』에서 이 성격을 맹렬히 비난하고 청년들이 가정의 울타리를 벗어나 개성해방의 길을 가야한다고 주장했다. 줴신은 바진의 큰 형을 모델로 한 인물로 바진은 항상 "큰 형 같은 사람들에게 그들이 이미 심연의 가장자리에 이르렀고 몸의 상처가 부패하기 시작했다는 것을 보게 하고 싶어 했다."[29] 그러나 자신 안에 그토록 '철저하지 못하고' '어찌할 도리가 없는' 성격이 가득 차 있는 줄은 전혀 예상치 못한 것이다. 이 괴로운 깨달음은 『진화집』의 '마음의 노예' 개념으로 계속 발전해간다.

「69. 십년일몽」에서 바진은 '마음의 노예'에 대한 과거 자신의 이해가 잘못된 것이었다고 밝힌다. 예전에는 소설 『집』에 등장하는 '황씨 아줌마(黃媽)'나 '밍펑(鳴鳳)'처럼 기꺼이 다른 이를 섬기는 종이 되려는 사람이 '마음의 노예'라고 생각했다. 그러나 문혁

29 巴金, 「關於『激流』」, 『巴金研究資料』 上, 海峽文藝出版社, 1985, 442쪽.

을 거치며 이 생각에 변화가 일어나게 된다.

1966년 막 타도 당했을 때 바진은 죄를 완전히 인정하는 것이 겁이 나 "그저 '조반파'가 항상 높이 부르짖는 구호와 반복적으로 선전하는 '진리'를 따라 사고했다." 심지어 그는 조반파가 자기의 마음을 알아주지 않아 괴로워하기도 했다. 함께 힘든 시기를 보냈던 한 문인은 당시 바진의 상황을 다음과 같이 소개하고 있다.

> 사실 작가협회 기관 내에서든 농촌으로 내려갔을 때든 바진은 매우 진지하게 일했고 진심으로 노동을 통해 자기를 개조하고자 했다. 하지만 오직 홀로 혜안을 지닌 '조반파'께서 그 와중에도 그에게 '판결을 뒤집을' 의도가 있음을 발견하셨으니, 자연스레 매서운 비판이 다시 일어났고 이 때문에 상하이의 한 신문에서는 그의 이름이 지목됐다.[30]

독립적 사고로부터 멀리 벗어난 이 비정상적인 날들은 1969년 5월에야 기본적으로 끝을 맺게 된다.

> 가장 이상한 것은 69년 5월 23일 마오 주석의 「강화」를 학습하고 '사상보고서'를 썼던 때이다. 우리 반의 우두머리가 내 「보고서」를 크게 칭찬하며 걸어두었는데, 내가 죄를 자백하고 인정했으며 진정으로 인민들에게 가까이 가려고 한다는 평어까지 추가했다. 그러나 2-3일이 지나 상부에서 뭐라고 하자 그들은 또 나를 끌고 나가

30 王西彦, 『焚心煮骨的日子』, 香港崑崙制作公司, 1991, 199쪽.

> 내가 거짓으로 죄를 인정하고 속임수로 동정심을 구했다고 비판했다. 누가 진짜고 누가 가짜인지 이해되기 시작했다. ……나의 사상은 암암리에 천천히 우회하기 시작했다.

「사상보고서」 사건을 계기로 바진은 "갑자기 주위에서 사기극이 진행되고 있음을 발견"하게 된다. 권력자의 호감과 관용을 얻기 위해 아무리 노력해도 이 운동의 결과는 이미 정해져 있고 자신에게 하사될 해방 따위는 존재하지 않음을 알게 된 것이다. 아울러 독립적 사고를 할 용기를 상실하고 맹목적으로 천지신명을 믿었던 자신이, 각성의 수준은 높지 않았지만 본인만의 '시비관념'을 가지고 있었던 '황 아주머니'나 '밍펑'보다 못하다는 사실도 깨닫게 된다. 이 깨달음은 바진이 '독립적 사고'를 회복하고 '마음의 노예' 상태를 벗어나도록 하는 중요한 계기로 작용한다.

문혁 발발의 원인과 지식인의 정신적 상황에 대해 원로작가 왕시옌은 바진과 같은 견해를 보인다.

> 왜 양심이 깨끗한 우리가 목전의 이 비참한 지경에 빠지게 됐을까? 한 가지 답은, 모든 죄악의 근원은 정치무대 위의 야심가로부터 기인하는 것으로, 그들이 권세를 쟁탈하고 정적을 쓰러뜨림과 동시에 두 마음을 품을 수도 있는 지식인을 진압하기 위해서, 민족과 국가가 영원히 회복되지 못할 절망적인 상태에 처한 것은 아랑곳하지 않고 하늘의 뜻을 위배하면서까지 사회의 양심을 대표한다고 자부하는 수천 수백만의 무고한 지식인들을 지옥문으로 던져 넣었다는 것이다. …… 하지만, 만약 이런 간편한 답에 만족하지 않는다

면, 우리한테서 마땅히 져야할 책임을 찾는 것도 무방하지 않을까? …… 우리의 고분고분함과 참고 견딤이 그 포악한 퇴역군인에게 격려가 된 것은 아닐까?[31]

바진은 자아 해부와 질책이라는 방법으로 자아의식 회복의 과정을 설명하지만, 실제로 그의 내면 깊숙한 곳에는 흔들리지 않는 신념을 견지하고 있었던 것으로 보인다. 1967년 조반파가 "자산계급 반동의 독초를 철저히 비판"하던 당시 왕시옌에게 했던 말은 그가 굴곡진 자아의식의 변화를 거치긴 했지만, 역사에 대한 희망을 완전히 버리거나 자신의 작품에 대한 신념을 잃지 않았음을 증명한다.

나는 역사를 믿네. 장래의 역사는 공정한 판단을 해줄 거야.[32]

「69. 십년일몽」에 기술된 1969년의 깨달음은 바진이 내면의 갈등을 극복하고 다시 '진실된 자아'의 모습을 되찾는 계기를 설명하는 강조점이며, '자아해부'는 본디 '자아의식'이 분명했던 한 작가가 어떻게 '마음의 노예'로 변해가고, 그 후 다시 어떻게 자아를 회복하는지의 과정을 효과적으로 설명해주는 문학적 장치로 보인다.

31 王西彦, 『焚心煮骨的日子』, 香港崑崙制作公司, 1991, 123-124쪽.

32 王西彦, 『煉獄中的聖火』, 人民文學出版社, 1982, 8-9쪽.

'마음의 노예'라는 개념을 통해 문화대혁명 발발에 일조한 개인적이고 주관적인 원인을 드러낸 후, 바진의 탐색은 점차 그 근본적인 원인을 향해 나아간다. 1982년 5월 6일에 쓴 「86. 생각의 방향」에서는 드디어 '문혁' 발생의 책임자가 등장한다. 이 글은 먼저 『수상록』이 자신의 생각의 방향을 따라 창작된 작품이며, 동시에 이 글의 결론 역시 같은 방식으로 도출해낸 것임을 밝힌다.

> 하지만 나는 기어이 죽지 않았고, 사상은 풍차를 떠나 다시 자신의 궤도로 접어들어 생각의 방향을 따라 나아갔다. 그래서 이 몇 년 동안 발표한 여러 글들을 탄생시켰으며 가지각색의 시시비비를 일으켰다.
>
> 사람은 머리를 움직여 사고해야 하고, 사상의 활동은 생각의 방향을 따라 전진하는 것이다. …… 생각의 방향이 없는 사상은 억지이다.

그런 다음, 한 외국인 손님이 제기한 "어째서 '사인방'이 그렇게 큰 '힘'을 가지게 되었는가?"라는 질문으로부터 자신의 답을 공개한다. 이 민감한 문제에 대해 바진은 여전히 조심스러운 태도를 취하고 있다. 그는 곧바로 답을 내놓지 않고 다른 역사적 사건과 자기 증조부의 글을 먼저 이야기한 후 문혁 발생의 책임이 궁극적으로 누구에게 있는지를 우회적으로 지적한다.

> 이번에 항저우에서 서호의 풍경을 소개하는 프로그램을 시청했다. 해설자가 악비(岳飛)묘를 소개하며 풍파옥의 죄인들을 언급할

때 진회(秦檜)의 앞에 송 고종(高宗)의 이름이 더해졌다. 이것이 정확한 답이다.

남송의 주화파 진회가 송 고종의 권력을 등에 업고 악비를 모함하여 살해했듯이, 사인방 또한 최고 권력자인 마오쩌둥의 세력에 기대어 잔악무도한 짓을 저질렀다는 뜻이다. 비록 마오쩌둥의 이름을 직접 거론하진 않았지만, '송 고종'이 누구를 암시하는지는 글을 읽는 모두가 알아챌 수 있다.

바진의 문혁 반성이 더욱 의미 있는 이유는, 관방의 공식적인 문혁 언급 자제 요청과 그로 인해 받은 불이익에도 불구하고 독립적으로 사고하려는 노력을 굽히지 않았기 때문이다. 1981년 8월 중앙서기처 서기 후챠오무(胡喬木)는 「현재 사상전선의 약간의 문제(當前思想戰線的若干問題)」라는 강화문을 통해 문예계에 다음과 같이 요구한다.

어두운 면을 폭로하고 비판하는 목적은 바르게 시정하고 정확한 입장과 관점을 갖게 하여 사람들의 자신감과 역량을 증강시키고 부정적인 영향을 방지하기 위함입니다. 반우파, 반'우경'과 십 년 동란에 관한 폭로성 작품이 몇 년 동안 이미 적잖이 발표되었습니다. 과거 몇 년 동안 이런 제재의 작품이 대량으로 출현한 것은 필연적인 일이었습니다. 절대 다수의 작가들이 이 작품들을 쓴 것 역시 역사와 인민에 대한 책임감에서 나온 것이며 혁명의 열정에서 기인한 것입니다. 총체적으로 말해 이런 작품들은 유익한 것입니다. …… 문예계 동지들에게 지적해야 할 것은 이런 제재를 앞으로도 당연히 쓸 수 있지만, 좀 덜 써 주십사 하는 것입니다. 이런 제재의 작품이 너무 많이 나오게 되면 부정적인 영향을 일으킬 수 있기 때문입니다.[33]

바진은 곧바로 이 발언의 피해자가 되었는데, 루쉰 탄생 100주년을 기념하여 쓴 「72. 루쉰 선생님을 회고하며」가 문혁을 언급하거나 연상시키는 단어와 구절들이 삭제된 채로 『대공보』에 발표되었던 것이다. 그 다음 글인 「73. 매의 노래」는 저자의 양해도 구하지 않고 글을 부분적으로 삭제한 것에 항의하는 의미로 『대공보』에 발표하지 않았다. 이 글에서 그는 큰 상처를 입고 더 이상 날아오를 수 없는 매가 절벽으로 걸어가 날개를 펴고 바다로 굴러 떨어지듯이 자신도 분신쇄골의 의지로 끝까지 '수상'을 진행시켜나가겠다는 의지를 표명한다. 아울러 후챠오무에게 직접 편지를 써서 자기가 후챠오무 강화의 피해자라고 언급하기까지 한다.[34]

갈수록 거세지는 외부의 압력에도 불구하고 바진은 '독립적 사고'를 심화시키고 있었다. 『탐색집』과 『진화집』에 나타난 자아해부와 문혁 발발의 진정한 원인에 대한 사고는 문혁 반성이라는 『수상록』의 주제를 분명히 드러내 준다. 바진은 내면 깊은

33 胡喬木, 「當前思想戰線的若干問題」(1981년 8월 8일), 楊楊編, 『中國新文學大系 1976-2000·史料索引卷一』, 上海文藝出版社, 2009, 74-75쪽.

34 周立民, 『巴金『隨想錄』論稿』, 復旦大學出版社, 2011, 74쪽.

곳에 자리 잡았던 '췌신 성격', '마음의 노예'를 비판하고, 동시에 역사적 사실에 대한 자신의 관점을 사회적으로 공론화시켰다. 내부에서부터 외부에 이르기까지, 자신으로부터 사회에 이르기까지 『수상록』의 참회는 기본적으로 자신의 사명을 완수하게 된다.

병마와 맞서며
:『병중집(病中集)』

'정신오염 제거' 운동

1983년, 중국사상계는 또 한 차례의 풍파를 겪게 된다. 이 풍파는 저우양이 발표한 「마르크스주의에 관한 몇 가지 이론 문제 탐구(關於馬克思主義的幾個理論問題的探討)」와 가오싱젠(高行健)의 소책자 『현대소설 기교 초탐(現代小說技巧初探)』으로부터 시작된다.

왕뤄수이(王若水)와 왕위안화(王元化)가 초안을 잡은 글에서 저우양은 두 가지 관점을 제기한다. 하나는 "마르크스주의는 인도주의를 포함한다"는 것이고, 다른 하나는 "사회주의 사회에도 소외가 있다"는 것이었다.[1] 마르크스가 1844년에 작성한 『경제학-철학 수고』는 당시 중국 사상계에 다시 읽기 붐을 일으켰는데, 저우

1 周揚, 「關於馬克思主義的幾個理論問題的探討」, 『周揚文集』 第5卷, 人民文學出版社, 1994, 454-476쪽.

양의 주장은 이 저서에 근거한 것이었다.

1982년 하반기 출판된 가오싱젠의 『현대소설 기교 초탐』은 개혁개방 이후 소개되기 시작한 서구 현대소설의 특징과 그 사례를 다룬 소책자이다. 펑지차이(馮驥才), 리퉈(李陀), 류신우(劉心武)가 이 책을 읽은 후 편지를 주고받으며 서구 현대파와 중국 문학 발전에 대한 의견을 나누게 되는데, 훗날 '풍쟁통신(風箏通信)'이라 일컬어진 이 논의는 문단 내에 상당한 반향을 일으키게 된다.[2]

1980년대 중국사회의 가장 큰 관심사 중 하나는 '현대화'였다. 특히 낙후된 중국의 현실은 '현대화'를 서구식 현대화에 국한시켜 인식하도록 만들었다. 수상록이 완결되고 2년이 채 지나지 않은 1988년 6월 CCTV에서 방영된 6부작 다큐멘터리 『하상(河殤)』은 중국 지식계의 현대화를 향한 갈망이 어느 정도에 다다랐는지를 보여주고 있다.

이 다큐멘터리는 중국문명의 요람인 황하를 "황폐한 모국 땅에서 외롭고 쓸쓸하고 완고하게 죽음을 기다리는" 늙은이로 의인화하고,[3] 매일 부딪치는 중국의 비참한 현실과 더 이상 새로운 힘을 발휘하지 못하는 듯한 노쇠한 문명에 대해 끊임없이 한탄한다. 『하상』은 '중국/서구'라는 이분 구도에 입각하여 양대 문명을

2 『현대소설 기교 초탐』을 둘러싼 논쟁의 구체적인 내용은 박민호, 「1980년대 초 중국의 '소설 현대화' 논의와 그 한계」, 『중국현대문학』 제80호(2017.01) 참조.

3 蘇曉康, 『自由備忘錄: 蘇曉康報告文學精選』, 香港三聯書店, 1989, 270쪽.

비교하고 있다. 황색으로 상징되는 중국은 육지에 갇힌 정체되고, 봉건적이며, 생명력을 다한 농경문명으로 그가 처한 거의 모든 상황은 극복의 대상이지만, 청색으로 상징되는 서구는 세계를 향해 열려있고, 젊음·모험·에너지가 충만하며, '민주와 과학에 대한 희망을 수송하는' 해양문명으로 반드시 수용해야 할 롤 모델이다.

기존의 중화주의를 철저히 반성하고 서구의 선진문명을 적극적으로 배우자는 내용의 『하상』은 서구에 대한 왜곡된 이미지를 창조하고 전파하고 있다는 비판에서 자유로울 수 없다. 이는 정치적·문화적으로 동기 부여된 문화적 타자에 대한 이미지를 제공하고 있어 옥시덴탈리즘이라고 명명될 소지가 농후하다.[4] 또한 '서구식 현대화'에 대한 지식인의 지나친 낙관주의가 시장경제체제하의 위기를 자초할 위험성도 높았다. 그러나 80년대 중국사회

---

4 『옥시덴탈리즘』의 저자 샤오메이 천(陳小眉)은 『하상』의 옥시덴탈리즘적 특징을 논하면서도 이 다큐멘터리가 관변 이데올로기의 억압적 현실을 비판하기 위해 서양적 타자를 수용한 반관변 담론의 전형적인 예임을 강조하며, 서양이란 이미지의 전유가 『하상』에서처럼 국내 지배 이데올로기의 헤게모니에 저항하는 것으로 비판적으로 사용될 때 긍정적이고 해방적이며 심지어 바람직하게 보일 수 있다고 주장한다. 그녀는 제3세계 국가에서는 오리엔탈리즘이나 옥시덴탈리즘 같은 용어들의 사회적 결과들이 그 용어들을 사용하는 사람들이나 듣고 수용하는 사람들이 어떻게 사용하느냐에 따라 결정된다고 지적하며 문화적 담론의 본질주의화에 반대한다. 『하상』에 대한 샤오메이 천의 관대한 평가에도 불구하고, 이 다큐멘터리의 친 서구적 경향이 과연 타당한 것이었는지는 논란의 여지가 있어 보인다. 샤오메이 천 지음, 정진배·김경아 옮김, 『옥시덴탈리즘』, 2001, 51, 81쪽 참조.

에게 있어 '서구식 현대화' 이외의 다른 대안을 찾기란 결코 쉬운 일이 아니었다. 『병중집』과는 시간적으로 거리가 있긴 하지만, 1986년 7월에는 바진조차 "그렇다면 오래된 민족에게는 새로운 혈액이 필요하지 않겠는가?"라는 질문을 던지며 서구화로의 경도를 우려하기보다 긍정적으로 바라보고 있다.[5] '서구 현대파' 소설에 대한 가오싱젠 등의 논의 역시 중국의 뒤떨어진 상황을 극복하기 위한 지식계의 노력의 일환으로 간주할 수 있다.

그러나 그 노력의 진의와 상관없이 저우양의 글과 젊은 작가들을 중심으로 한 '현대파' 논쟁은 관방의 비판에 직면하게 되었다.

> 근 몇 년간 문예계에도 적잖은 문제가 출현하여, 혼란이 상당히 심각했으며, 특히 정신오염 현상이 존재한다.[6]

이때부터 이들에 대한 비판은 '인도주의'와 '서구 현대파'를 겨냥한 '정신오염 제거' 운동이라는 새로운 국면으로 발전해갔다. 중공중앙 이론 간행물 『홍기(紅旗)』는 1983년 제20기에 「사상전선은 정신오염이 되어선 안 된다(思想戰線不能搞精神汚染)」는 평론을 발표했고, 10월 30일자 『인민일보』는 「사회주의 문예의 기치를 높이 들고, 정신오염의 방지와 제거를 견지하자(高擧社會主義文藝旗幟, 堅持防止和淸除精神汚染)」라는 제목의 사론을 발표하여 "문예계의 정

5 「一四九, 老化」

6 「高擧社會主義文藝旗幟, 堅持防止和淸除精神汚染」, 『人民日報』 1983년 10월 31일, 제1면.

신오염을 방지 제거하는 것은 광대한 문예공작자의 앞에 놓인 절박한 임무"라고 주장하며 근래 문예계에 나타난 정신오염 현상들을 열거하였다. 몽롱시, 왕멍(王蒙)의 소설, 사르트르의 저서 모두가 '정신오염 제거'의 범주에 포함되었다. 이러한 상황에서 저우양은 몇몇 사람들의 건의에 따라 신화사(新華社)와 인터뷰를 하기로 결정한다. 기실 자아반성이나 다름없었던 이 인터뷰에서 그는 다음과 같이 자신의 잘못을 수긍한다.

> '소외' 문제는 연구토론이 필요한 비교적 복잡한 문제이며 이 문제에 대한 국내외 수많은 학자들의 논술이 있다. 이 문제를 정확하게 인식하려면 하나의 과정이 있어야 비로소 완정하고 정확하게 마르크스주의의 관점을 견지하고 자산계급 관점의 불량한 영향을 없앨 수 있다. 그러나 나는 당시 그 정중한 장소에서 조잡한 형식으로 문제를 제기하였으니 겸손하지도 진중하지도 못했다. 특히 이론 선전 업무를 책임지고 있는 일부 동지들이 다른 의견을 제시한 후에도 자신의 의견을 고집한 것은 더더욱 부적절했다. 이제 냉정하게 바라보니 글 자체에 확실히 결함이 있다. …… 문예 이론계에서의 나의 영향력을 고려할 때, 내가 당과 인민의 기대를 저버렸음을 절감한다.[7]

사상계에 대한 이 같은 공격은 1985년에야 후야오방(胡耀邦)에 의해 중단되었다. 후야오방은 중공중앙서기처 회의에서 발표한

7 新華社北京11月5日電 「周揚同志對新華社記者發表談話 擁護整黨決定和淸除精神汚染的決策」, 『人民日報』 1983년 11월 6일.

「당의 뉴스 업무에 관하여(關於黨的新聞工作)」를 통해 '정신오염 제거' 운동이 과도한 국면에 이르렀다고 지적했다.

> 말한 김에 정신오염 반대에 관한 문제를 이야기하겠습니다. 이 본래 일찌감치 해결됐을 문제가 현재 일부 동지들에 의해 혼란스럽게 되었기 때문입니다. ……확실히 당 중앙도 '정신오염'이라는 명사가 일반인들에겐 비교적 생소하여 국내외적으로 이러저러한 오해를 불러일으킬 수 있으며, 만약 그 앞에 '제거'라는 글자를 사용하면 더더욱 그러하고, 아울러 실제로 그렇게 할 수도 없다는 사실을 고려했습니다. 따라서 매우 필요한 때가 아니면, 이 명사는 드물게 사용하든지 아니면 아예 사용하지 마십시오.

『병중집』 대다수 글과 『무제집』 앞부분의 글들은 위의 사회적 분위기를 배경으로 하고 있다. 『병중집』 집필 시기, 바진에게는 전에 없는 변화들이 생겨났다. 비록 자신이 "죽음을 향해 간다"[8]고 줄곧 느끼고 있었지만, 종양 수술, 골절, 파킨슨병 발발 등으로 말미암은 건강 약화는 죽음과의 거리가 순식간에 줄어든 것 같은 당혹감을 안겨주었다. 병세가 악화되기 전, 바진은 '정신오염 제거' 운동과 같은 현실 문제에 대한 자신의 생각을 드문드문 언급하곤 했다.

> 그(사르트르)가 나에게 깊은 인상을 남긴 일이 하나 있다. ……

8 「三十五, 大鏡子」.

그는 아래와 비슷한 말을 했다. "우리는 문학을 일종의 등급을 매기는 것으로 바꾸고, 당신은 이 문학 속에서 이 등급에 속한다고 합니다. 나는 이런 가능성을 거부합니다." 그의 말은 확실히 깊이 생각해 볼 가치가 있다. (91. 방해)

문학작품을 논하는 측면에서 저는 아직 어떤 '서구화'의 위기를 찾지는 못하겠습니다. 저 본인을 예로 들자면, 중국 작가들 가운데 서구 작품의 영향을 비교적 깊이 받았다고 할 수 있습니다. …… 이전 작품들을 자주 펼쳐보지만 제가 사용하는 형식과 쓴 내용이 조화롭지 못하고 적합하지 않다는 생각은 결코 하지 않습니다. (95. 한 통의 답장)

'정신오염 제거' 운동이 본격적으로 전개되기 이전이긴 하나, 바진은 사르트르와 '서구 현대파' 문학에 대한 지지 의사를 분명히 하고 있다. 그러나 1982년 말부터는 사회 이슈에 대한 적극적 의견 개진이 상대적으로 어렵게 되었다.

건강 악화와 문체의 변화

1978년 12월부터 1980년 10월까지 1년에 한 권씩 출판되던 『수상록』은 1981년부터는 건강상의 이유로 계획에 차질을 빚게 된다. 1981년에는 13편, 1982년에는 22편, 1983년에는 15편을 발표하는 데에 만족해야 했다. 특히 "1982년 5월 하순 오른쪽 등에 낭종이 생겨 작은 수술을 한"[9] 후로는 여러 질병들이 연쇄적으로 발생하

[9] 李存光編, 『巴金研究資料』 上, 海峽文藝出版社, 1985, 64쪽.

여 노작가의 고통을 가중시켰다. 장기입원과 사회분위기의 경직은 그와 외부세계의 소통에 커다란 벽을 만들었고, 병상에서 쓴 『수상록』은 자연히 현실 문제보다는 과거를 회상하고 개인의 감정에 집중하는 단계로 접어들게 된다.

『병중집』의 주요 내용은 세 부분으로 나눌 수 있다. 첫 번째 부분은 작가의 고향집과 유년기에 대한 회상이고, 두 번째는 가족들, 친구들에 대한 회고, 세 번째는 병상에서의 심리적 상태이다. 고향집과 유년 시기에 관하여 바진은 과거 자주 언급했던 '두 번째 선생님'인 가마꾼 저우(周) 씨를 다시 회고하고, 젊은 날에는 간절히 떠나고 싶어 했던 집에 대한 그리움을 드러낸다.

> (1956년 12월 세 번째로 청두에 돌아왔을 때—필자) 마치 오랫동안 꿈을 꾼 것 같았다. 열 몇 살 때 내가 살았던 사랑채로 돌아온 것이다. …… 사실 이 장소를 그리워하지 않을 수 없다. 나에게 있어 그곳은 얼마나 큰 기억의 무덤인지! 나는 그곳을 제대로 발굴해야 한다. (118. 나의 고향집)

위 구절은 죽음에 가까워지는 사람이 느끼는 필연적인 감정을 표현하고 있다. 그는 고향집의 구조에 대해서 이야기하고 거기에서 함께 거주했던 친척들과 유년시절의 일들을 추억한다. 이 글에서는 자신의 생명이 시작되었던 시절과 생명 자체에 대한 미련의 감정이 곳곳에 드러난다. 「106. 다시 서호에 오다」에서는 생명에 대한 아쉬움이 다른 차원에서 언급된다.

1930년 나는 처음으로 서호에 놀러왔다. 어느 달밤, 먼저 삼담인월(三潭印月: 서호십경 중 하나)에 갔는데, 마치 아름다운 꿈을 꾸는 듯 했다.

나는 갈수록 많아지는 여행객들을 보았고, 또 갈수록 아름다워지는 산수를 보았다.

질병에 시달리는 노인의 눈에 무수한 여행객들과 아름다운 자연풍경은 활기 넘치는 생명력으로 비쳤을 것이다. 게다가 30년대와 다름없는 풍광을 자랑하는 서호는 젊은 시절 추구했던 이상을 상기시켰을 것이다. 이미 지나가버린 젊은 날에 대한 그리움과 이제는 타인에게서만 발견할 수밖에 없는 생명력에 대한 부러움이 고스란히 드러나고 있다. 풍부한 감정표현, 생명과 이상을 향한 그리움은 『병중집』이 『수상록』 가운데 가장 서정적인 부분으로 자리매김하도록 만들었다.

『병중집』 이전의 회고성 글 대부분은 관련 인물이나 역사적 사건의 명예회복이라는 목적을 띠고 있었다. 이 목적에 부합하기 위해 바진은 개인적 친분과 상관없이 관련자들을 위해 변호하거나 참회의 뜻을 밝혔다. 달리 말해 이전의 회고성 글은 사회적 환경이 허락하는 범위 내에서 정치적 변호가 필요한 사람들을 언급하는 데에 주력하였다. 그에 반해 『병중집』은 친분이 두터운 평범한 친척이나 친구들을 기억에서 소환하고 있다. 극작가 리젠우(李健吾), 영화감독 우융강(吳永剛), 둘째 형 리야오린(李堯林), 무정부주의 교육가 쾅후성(匡互生), 조선족 영화배우 김염(金焰), 구쥔정(顧均正) 등에 대한 회고는 '참회'와는 거리가 멀어 보인다. 그저 지인들을 향한 그리움의 심정이 자유롭게 묘사되고 있을 뿐이다.

> 젠우와 관련하여 생각나는 일이 너무 많다. 그는 나를 사심 없이 대해줬고 진정으로 나를 충실한 친구로 여겨줬다. ……마지막으로 그를 본 것은 그의 집에서였는데, 나에게 자신의 『극작선』 표지 제목을 써달라고 했다. 나는 글씨 쓰는 게 엉망이라며 사양했다. 그는 꼭 내가 써야한다고 고집했고 나는 단호히 거부하다가 그가 "자네 당초 왜 이 작품들을 독자에게 소개했던 건가?"라고 말하기에 이르렀다. 우리 둘 다 더 이상 아무 말도 하지 않았다. 결국 내가 한 발 물러서서 그의 요청을 받아들이자 그제야 기분이 좋아졌다. 지금 생각해보면 얼마나 후회가 되는지 모른다. 무엇 때문에 그 사소한 일로 그와 논쟁했을까? (99. 병중(二))
>
> 이틀 연속 꿈에서 형을 봤다. 아직 우리가 젊었을 때였는데, 꿈에서 깨고 나서야 우리가 헤어진 지 37년이나 됐다는 사실이 떠올랐다. …… 하지만 형의 그 초췌한 얼굴이 내 눈 앞에서는 아직도 이토록 친절하고 선량하고 선명하게 남아있다. (102. 나의 형 리야오린)
>
> 그(구쥔정)은 조용히 세상을 떠났지만 아쉬움이 남진 않았을 것이다. 그는 자신의 시간을 낭비하지 않았고, 열정이 있는 만큼 그 열정을 나누고 빛이 있는 만큼 그 빛을 내품었다. 그는 이기적인 사람이 아니다. (109. 쥔정 형을 회고하며)

친구와 가족에 대한 회고에서 풍기는 평온한 뉘앙스와는 달리, 바진 내면의 고통은 다른 사람과 공유할 수 없는 지경에 이르게 된다. 이 내적 고통의 증가는 장기간의 투병생활에서 기인한다.

지금에 이르러서야 스스로가 얼마나 수양이 부족한지 알겠다. 평소 추구했던 언행일치라는 목표는 지금도 도달하기 어렵다. 이 짧디 짧은 서너 시간 동안 이상이고 희망이고 모두가 다 사라졌다. 초조함과 두려움만 있을 뿐이다. (91. '방해')

위의 글은 1982년 7월에 쓴 것으로 당시 바진은 오른쪽 등 낭종 제거수술을 받은 후였다. 환부를 건드리지 않기 위해 잠을 자는 동안 그는 끊임없이 몸을 뒤척여야 했고, 이로 인해 몸은 기진맥진한 상태가 되어 버렸다. 하지만 그가 두려움을 느낀 이유는 단순히 신체의 고통과 피로 때문이 아니라, 병마로 인해 독립적 사고가 방해받았기 때문이었다. 1982년 11월, 다리 골절로 화동병원(華東醫院)에 입원했을 때는 "누워있든지 등나무의자에 앉아 있든지 책을 볼 수가 없었고", "신문의 글자도 잘 보이지 않았다." 그 결과 외부 사회와의 소통은 갈수록 소원해졌다. 『병중집』에서 바진은 자기가 꾼 '악몽'에 대해 수시로 언급한다.

병원에서의 길고 긴 낮과 밤중에 나는 기억과 악몽에 의해 진저리가 날 정도로 괴롭힘을 당했다. (97. 병중(一))

입원 초기 나는 이상한 꿈을 많이 꾸었다. '걸음 보조기'를 악의 화신인 줄 알고 밤에 곁을 지켜주는 아들과 사위 혹은 친척을 깨워 그걸 부숴버리던가 치워버리라고 했다. (99. 병중(二))

꿈에서 나는 여전히 요괴에게 둘러싸여 공격을 당하다가 어쩔

수 없이 큰 소리로 도움을 요청한다. (114. 나의 악몽)

'문혁'을 겨냥한 바진의 투쟁이 이전에는 사회 전체라는 범위에서 진행되었다면, 『병중집』에서는 오로지 작가 개인에게만 국한되고 있다. 『병중집』의 악몽은 질병과 고독에 처한 그가 여전히 '문혁'의 유령과 전투를 벌이고 있음을 보여준다. 「114. 나의 악몽」에서 바진은 악몽과 문혁 회상을 통해 내면에 여전히 존재하고 있는 두려움을 드러낸다.

> 상당히 긴 시간, 대략 4, 5년 동안, 나를 비판하기 위해 여러 전담조, '바진 비판조', '바진 타도조'가 잇따라 성립되었다. …… 나는 샤오산에게 그들이 내 앞에서 일부러 '짐승'의 표정을 짓는다고 고통을 호소했다. …… 과연 꿈에서 나는 온몸에 털이 난 그들이 입을 크게 벌려 사람을 잡아먹는 것을 보았다.

바진은 「66. 십년일몽」에서 문혁 기간 중 자신이 어떻게 독립적 사고의 능력을 상실했는지를 언급한 바 있는데, 「114. 나의 악몽」에서는 문혁과 관련된 사고를 "사람이 어떻게 이성과 인간성을 상실할 수 있는가?"라는 문제로 확장시키고 있다. 지식인의 입장에서 출발한 바진의 참회의식은 이 대목에서 야만적이고 추악한 인간 본성에 대한 참회에까지 다다르게 된다.

인간이 '인간성을 상실'했다는 것은 문혁이 중국인에게 끼친 가장 큰 손해 중 하나일 것이다. 바진이 느끼는 공포의 진정한 원인도 바로 여기에 있다.

> 나의 상처는 여기에서 온 것이고, 나의 병은 여기에서 기인한 것이다. 나는 발버둥을 쳤지만 승리하지 못했다. 살아남았지만 온몸은 병들었다.

그는 자신의 병을 드러냄으로써 문혁이 중국에 남긴 후유증이 현실 도처에 존재하고 있음을 암시한다. 이 점에서 그의 악몽은 상징적이다. 스스로에게 엄청난 내적 고통을 가져올 정도로 바진은 문혁에 대해 깊이 있는 반성과 고민을 계속했다. 하지만 이 투쟁은 그의 내면에만 국한된 것으로 다른 사람은 고통을 분담할 수 없었다.

> 겨울철 활동 시간표에 따라 나는 6시에 일어났다. 아들이 옷 입는 것을 도와주고 침대에서 내려오도록 부축해주었다. 아들은 전날 밤 내가 무슨 꿈을 꾸었는지, 몇 번이나 일어났는지 알지 못한다. (120. 샤오샨을 다시 기억하며)

『병중집』은 외부사회와는 격리되었지만 내면세계에서는 여전히 치열하게 싸우고 있는 노인의 형상을 부각시킴으로써 인간성 상실이라는 결과를 초래한 문혁의 파괴성을 재차 강조하고 인간성 회복에 대한 고민을 심화시켜가고 있다. 그러나 나날이 커져가는 고독은 『병중집』을 고통과 비애로 가득 찬 혼자만의 전장(戰場)으로 만들고 있다.

마지막 빛을 발하다
: 『무제집(無題集)』

문혁에 대한 향수를 둘러싼 지식인과 민간의 입장차

1984년이 되자 바진은 건강을 조금씩 회복하여 현실 생활로 돌아올 수 있었다. 일본, 홍콩 등 국외 지역을 방문하고 여러 사회활동에 참여하게 된 것은 그가 정상적인 생활로 복귀했음을 증명해준다. 바진의 건강 회복과 함께 중국 사상계에도 바람직한 변화가 일어나고 있었다. 문혁 이후 중국 지식계를 겨냥한 가장 큰 타격이라 할 수 있는 '정신오염 제거' 문제가 기본적으로 해결되었고, 문단은 '문학의 황금시대'를 맞이할 준비로 들떠 있었다.[1] 이러한 사회적 분위기 하에서 바진도 병중의 암울한 그림자를 벗어던지고 다시 한 번 첨예한 잡문 집필의 세계로 돌아온다.

1 王蒙, 「社會主義文學的黃金時代到來了」, 『人民日報』 1985년 1월 6일, 제3면.

『무제집』에서 바진은 큰 공을 들여 자신의 일생을 정리하고 굵직굵직한 사회적 이슈에 대해 의견을 제시한다. 한 마디로 『무제집』은 전체 『수상록』의 압축본이라 할 수 있다. 머뭇거리며 할 말을 제대로 하지 못하던 제1권과 비교해보면, 마지막 권이 얼마나 첨예하면서도 잘 구성된 총결본의 면모를 뽐내는지 알 수 있다. 『무제집』에서 바진은 문혁, 과거의 문학노선, 친구들을 대상으로 한 참회를 지속하고, '정신오염 제거' 문제, 관료주의와 부패 등 현실 문제를 강하게 비판한다. 이렇게 『수상록』은 사상적으로 가장 예리하고 사고의 범주가 가장 넓은 수준에까지 도달하게 된다.

『무제집』의 첫 번째 글인 「121. 일본 방문에서 돌아와」에서 바진은 다시 한 번 스스로를 견책하는 방식으로 문혁의 재난적 성격을 잊지 말라고 호소한다.

> 나는 건망증이 있고, 내 주위 사람들도 잘 잊어버린다. 그래서 '십년의 재난' 이후 모두들 아무 일도 일어나지 않은 양 그 누구도 다른 사람에게 빚진 것이 없는 것처럼 홀가분하게 살 수 있는 것이다. …… 나는 정말 다시 한 번 친구 S의 손을 꼭 잡고 싶다. 나도 빚을 떼먹지 않는 사람이 되겠다.

이 글은 병상을 떠난 바진이 사회를 향해 던진 첫 번째 메시지였다. 여기에는 시장경제체제에 적응해가는 사람들이 문혁을 잊거나 관련된 기억을 왜곡시키는 것을 경계하는 뜻이 담겨있다.

1980년대 중반 개혁개방의 가속화에 따라 부의 편중현상도 점점 심화되었는데, 사회적 재화가 불공평하게 분배된 탓에 삶의 질이 향상되지 않는 사람들 사이에서는 문혁을 그리워하는 분위기가 조성되었다. 1986년 설 연휴 기간, 바진이 목도한 광경은 그러한 분위기를 반영하는 한 가지 예였다.

> 설 연휴기간 텔레비전에서 며칠 동안 연속으로 '양판희(樣板戱)'를 부르는 것을 들었다. (139. '외양간')

당시 민간의 양판희 부르기가 문혁과 상관없이 단순한 오락의 차원에서 이뤄졌다는 견해도 있지만, 그것이 현실에 대한 불만을 표출하는 방식 중 하나였다는 점은 부인하기 힘들다.

주자파로 낙인 찍혀 타도당하고 가정이 파괴되는 아픔을 겪었던 당 간부들은 문혁이 끝나자 대부분이 명예를 회복하고 복직되었으며, 이와 함께 그 자녀들도 높은 사회적 신분을 획득하게 되었다. 이때부터 간부들과 그 가족들을 둘러싼 부패 스캔들이 끊임없이 터졌는데, 제2권 『탐색집』에 등장했던 장취안룽 사기사건은 관련사건 중 비교적 일찍 발생한 것이었다. 고위직 관료들이 연루된 비리 스캔들은 날이 갈수록 규모가 커지고 죄질이 나빠지는 경향을 띠었다.

1985년 상하이에서는 고관 자제들의 성추문이 엄청난 사회적 파문을 일으켰다. 1985년 1월 24일, 후샤오양(胡曉陽: 상하이 시위원회 제2서기 胡立敎의 아들), 천샤오멍, 천빙랑(陳小蒙, 陳冰郎: 상하시시위원회 상무위원, 선전부장 陳其五의 아들들) 등 여섯 명의 상하이 '도련님'들은 1981년부터 1984년까지 직장 알선, 이직 등을 미끼로 50여 명의 여성들을 유혹하고 강간한 혐의로 체포되었다. 사건에 대한 공식보도가 있기도 전에, 이들의 범죄사실이 파다하게 알려졌기 때문에 1월 17일, 덩샤오핑은 "겨우 두 명 죽인다고 무슨 효과가 있겠나, 더 많이 죽여야 한다."는 강경한 발언으로 여론 달래기에 나섰다. 1986년 2월 1일, 상하이시 고급 인민법원은 이들 중 세 명에게는 사형을, 나머지 세 명에게는 각각 20년, 5년, 3년의 징역형을 선고했는데, 고위 간부의 자제들에게 사형선고가 내려진 것은 이때가 처음이었다. 그리고 같은 달 19일, 후샤오양, 천샤오멍, 거즈원(葛志文)에 대한 사형이 집행되었다.[2]

1980년대는 지방 간부가 신흥 부농과 노동자라는 거대한 잠재적 시장을 파고들어 소비재 수입을 관장할 수 있는 호기였다. 1985년 중반에 터진 하이난 섬(海南島) 사건은 그때까지의 중화인민공화국 역사에서 최악의 경제추문으로 꼽혔다. 하이난과 내륙에서 근무하는 일단의 관리가 발전기금으로 모인 돈을 베이징의 은행에서 빼돌려 외국 물건을 산 후, 이를 중국 전역에 팔아넘기는 방식으로 엄청난 부당이익을 챙긴 것이었다.[3] 정부는 사건 당

2 「上海處決强奸流氓犯陳小蒙胡曉陽葛文志」, 『人民日報』 1986년 2월 20일, 제1면.

3 1984년 1월부터 1985년 3월 사이, 이들이 불법 판매를 목적으로 사들인 물건은 자동차 8만 9천 대, 텔레비전 290만 대, VTR 25만 2천 대, 그리고 오토바이 12만 2천 대로 총 15억 달러가 넘는 규모였다. 베이징 정부의 위임을

사자들에게 수입품을 되팔아서는 안 된다는 경고를 무시하고 '과실'을 범했다는 죄만 적용하여 '강등' 처분을 내렸는데 부패 관리에 대한 솜방망이 처벌은 인민들을 더욱 격분시켰다. 이 판결은 4대 현대화운동의 사업지구 전반에 대한 불신을 막기 위해 정부가 의도적으로 사건을 축소했다는 의혹을 샀고, 간부와 특권층을 향한 인민들의 반감은 걷잡을 수 없이 커져갔다.

이런 와중에 1986년 CCTV 설 특집방송인 춘절연환만회(春節聯歡晚會)에서 『홍등기(紅燈記)』의 한 대목이 공연된 것은 매우 큰 상징성을 지닌다. 『홍등기』는 8대 양판희 중 하나로, 항일 전쟁 시기 공산당 지하 공작원인 리위(李玉)와 그 집안 삼대가 유격대에게 암호를 전달하기 위해 불굴의 의지로 일본군과 투쟁한다는 이야기이다. 당시 텔레비전이 보급된 가정에서는 온 가족이 모여 명절음식을 먹으며 춘절연환만회를 보는 것이 매우 보편적인 설 문화로 자리 잡았는데, 바로 이 프로그램에서 문혁 시기에 널리 불렸던 『홍등기』의 노랫가락이 흘러나온 것이다. 춘절연환만회의 각종 공연들이 시청자들에게 가장 인기 있는 것 위주로 편성된다는 사실로 미루어 볼 때, 1986년 설 이전부터 민간에서는 이미 양판희 부르기가 유행하고 있었음을 알 수 있다.

받은 조사단이 이 부패 스캔들을 조사하는 동안 수백 대의 일본제 트럭과 자동차가 하이난 해상에서 녹슬어갔고, 7억 달러의 돈은 회수 불가능하다는 결론이 나왔다. 구체적인 내용은 조너선 D. 스펜서 지음, 김희교 옮김, 『현대중국을 찾아서』 2, 이산, 312-313쪽 참조.

민간에서 다시 양판희를 부르게 된 것은 특권층에 대한 반발에서 기인한 문혁과 마오쩌둥에 대한 향수, 즉 기형적이긴 하나 평등했고 관리의 부패가 존재하지 않던 시절에 대한 그리움 때문인 것으로 보인다. 그러나 바진에게는 이 현상이 십년의 재난이 아직 철저히 끝나지 않았고 현실 사회 속에 그 잔재가 산재함을 증명하는 것으로 읽혔다. 그리하여 그는 다시 "'문혁' 꿈을 꾸게 된다." 당시 대다수 지식인들도 문혁에 대해 향수를 느끼는 사회적 분위기에 반감을 가졌다. 지난날의 우매함으로 현재의 부패를 대신할 수는 없다고 여긴 것이다.

사실 문혁에 대한 기억은 사람마다 다를 것이지만, 특히 문혁 내내 핍박을 받았던 지식인과 조반에 참여했던 사람들 사이에는 상당한 괴리가 있어 보인다. 『수상록』을 포함한 원로 지식인들의 문혁 회고에서 홍위병, 조반파, 군선대는 모두 동일하게 사회적으로 난동을 부리고 지식인을 탄압하는 인물들로 등장하지만, 이들의 내부에는 복잡하고 다양한 그룹들이 존재했다. 문혁시기 가장 먼저 등장한 노(老) 홍위병 대부분은 고위 간부나 군 간부의 자녀들로 사구[4] 타파, 지식인 비판에 집중하였다. 그에 반해 주로 평민 자제로 이루어진 조반파 홍위병들은 성이나 시위원회를 공격하여 기존의 권위주의적 관료집단을 붕괴시키는 데에 주력했다. 이 젊은이들 외에 신중국 성립 이후 우파로 몰렸거나 관료들에 의해 억

[4] 四舊: 문혁 초기 타도대상으로 삼은 4가지 악으로 구사상·구문화·구풍속·구습관을 가리킴.

압당했던 많은 사람들이 조반에 적극 참여했다.[5]

문혁에 대한 인식과 계급적 입장은 달랐지만, 노 홍위병과 조반파 홍위병, 이후 우후죽순처럼 등장했던 수많은 조반 파벌들은 스스로가 혁명수호의 주체라는 의식을 갖고 있었다. 하지만 80년대에 이르러 문혁은 관방에 의해 아예 잊어버리기를 강요당하거나 지식인들에 의해 육체·사상·물질적 자유를 앗아간 '상처'의 역사로 기억되기를 요구당했다. 이런 와중에 사회적 불평등이라는 현실의 벽에 부딪친 민중들은, 인민이 조반의 권력을 행사하여 자격이 없는 권력자를 비판하고 소환시켰던 문혁 초기의 경험을 떠올렸을 것이다. 민간의 양판희 부르기, 문혁에 대한 향수는 이 같은 차이를 이해해야만 제대로 접근할 수 있다. 그리고 바로 이 부분은 80년대 민중이 자신들의 대변인 역할을 했던 지식인과 갈라서는 지점이 되었다.

바진은 지식인의 시각을 견지하며 문혁을 그리워하는 현상은 문혁의 유령이 부활을 꿈꾸고 있다는 증거라고 경고한다. 그에게 있어 민간의 '마오쩌둥 향수' 외에 문혁 재발의 가능성을 보여주는 사건이 바로 1983년 '정신오염 제거' 운동이었다.

> "다시는 그런 일이 없을 거야. 눈물을 닦고 앞을 보게나." 친구들은 이렇게 나를 위로하고 격려했다. 나는 반신반의하며 마음속으로

5 홍위병 내의 다양한 차이에 대해서는 천이난(陳益男) 지음, 장윤미 옮김, 『문화대혁명, 또 다른 기억』, 그린비, 2008, 69쪽 참조.

> '두고 보게'라고 생각했다. '정신오염 제거' 시기가 될 때까지 말이다. (145. '문혁' 박물관)

관방에 의해 제지되긴 했지만 문혁 초기의 풍경을 떠올리게 했던 '정신오염 제거' 운동은 바진으로 하여금 오랫동안 생각해 온 '문혁박물관' 건립을 제안하도록 한다. '현대문학자료관'과 달리 문혁박물관 건립 제안에는 상징적인 목적이 두드러진다. 즉 모두가 문혁의 역사를 확실히 기억하고 "다시는 그런 일이 발생하지 않게 하자"는 것이었다. 그런 의미에서 바진은 『수상록』이 자신의 사상과 손으로 만든 '문혁박물관'이라고 말한다.

> 불구의 몸인 이 노인네가 뜻밖에도 '그때그때의 생각'을 가지고 가시덤불 속에서 작은 길을 내었다. 나는 이미 눈앞의 그 큰 건물, '문혁박물관'을 보았다. (「『수상록』 합본 신기」)

비록 순수하게 지식인의 입장에서 문혁을 반성하고 그 재발 방지를 위해 '문혁박물관' 건립을 주장하고 있지만, 바진의 주장에는 많은 시사점들이 있다. 문혁 관련 자료들의 수집, 보관, 열람이 활발히 이루어졌다면, 그리하여 수많은 기억의 파편들이 서로 교류되고 공유될 수 있는 장이 마련되었다면, 문혁에 대한 역사적 서술과 평가는 더욱 구체적이고 다양해졌을 것이며, 중국사회의 미래 역시 새로운 차원에서 고민할 수 있었을 것이기 때문이다. 그러나 '문혁박물관'은 그 어떤 형태로도 세워지지 못했고, 관련

자료들과 기억들은 객관적인 증거가 될 만한 힘을 상실한 채 역사 속으로 사라져가고 있다.

창작의 자유와 마지막 참회

문예계에 있어 1985년은 기념할만한 해였다. 그해 1월 5일, "문학예술의 규율을 존중하고, 문예 민주를 발양하며, 창작의 자유를 보장하는 내용이 정식으로 중국작가협회의 새로운 규정에 들어갔기"[6] 때문이다. 오랜 시간 고대하던 일이 현실이 되자 문단은 감동과 흥분으로 들썩였다. 하지만 바진은 오히려 냉정한 눈으로 '창작의 자유'를 바라보고 있었다.

> '창작의 자유'는 공허한 구호가 아니다. 오로지 창작 실천 속에서만 무엇이 '창작의 자유'인지 알 수 있다. …… '창작의 자유'는 하늘이 내려주는 것이 아니라 쟁취하는 것이다. …… '창작의 자유'에 대한 보장은 작가들에 대한 일종의 격려와 문학사업 발전에 있어 하나의 추진 역량일 뿐이다. 보장은 창작을 대신할 수 없다. 진정한 황금시대의 도래는 다량의 좋은 작품들의 인도에 의지해야 한다. 황금시대는 바로 인재가 나오고 작품이 나오는 시대이다. 이런 시대는 결코 간절한 희망과 기다림으로 맞이할 수 있는 것이 아니다. (126. '창작의 자유')

문학을 바라보는 바진의 시선은 이미 당시 문예계의 보편적인

---

6 「保證創作自由寫入作協新章程」, 『人民日報』 1986년 2월 20일, 제1면.

사고들을 훌쩍 뛰어넘고 있다. 그는 실천의 관점에서 '창작의 자유' 문제를 논하고 있다. 문예 업무에 종사하고 작품을 창작하는 것은 환경과 조건에 의지하는 것이 아니라 작가 본인의 사상과 삶의 실천에 의지해야 하는 것이다. 바진은 문학과 정치의 경계를 명확히 구분지음으로써 문학이 정치로부터 독립된 영역이며 작가는 독립적 사고에 의거하여 생활하는 사람이라고 선포한다. 이러한 생각들은 오랫동안의 정치 운동을 겪고 난 후 더욱 첨예해진 것이다. 「125. '긴고아 주문'」에서 바진은 과거 중국 지식인들이 어떻게 관방의 '긴고아 주문'을 두려워하는 겁쟁이로 변해갔는지 서슴없이 기술한다.

> 이 회의(1957년 전국인민대표대회—필자)에서 소위 '우파'에 대한 비판이 시작되었다. …… 베이징에 도착해서 바람의 방향이 바뀌었고 엄혹한 겨울이 가까웠음을 감지하게 되자 앉든지 눕든지 편치 않았고 어떻게 하면 좋을지 알 수가 없었다. …… 회의 기간 나의 마음은 대단히 복잡했다. 한 편으로는 '지도자'가 결국 나를 우파로 분류하지 않고 각종 '반우파' 활동에 참가하게 해줘서 감사했고, 다른 한 편으로는 좌우의 구분이 명확하지 않다고 느꼈다. 반우파의 대상이 된 어떤 이들, 특히 평상시 나와 왕래가 비교적 잦았던 몇몇 친구들은 정말 억울했다. 그들의 견해가 나보다 더 '우경'적이지도 않았다. 하지만 비판회에서 나는 감히 그들을 위해 말 한 마디도 공정하게 할 수 없었을 뿐더러 시시각각 다른 사람들이 그 자리에서 나를 폭로할까 두려워했다.

1957년의 '반우파' 투쟁은 지식인에 대한 명백한 박해였기 때문에, 지식인들은 당연히 분노하고 관방에 항의해야 했다. 하지만 당장 타도당하지 않고 위험에서 벗어나게 된 사람들은 치욕스러움 대신 고마움을 느꼈다. 지식인 내부에 조성된 공포심리가 지식인 스스로 자기의 머리에 '긴고아'를 씌우는 기형적인 현상을 만들어낸 것이다. 이것이 바로 바진이 언급한 "매를 맞고도 고개를 숙여 감사하는" '정신적 노예'의 심리였다. 노작가는 십년의 재난을 거친 후의 심정을 다음과 같이 묘사하고 있다.

> '사인방'이 막 타도됐을 당시, …… 나를 걱정해주는 친척과 친구들이 내 대신 조급해하며 여러 군데에 편지를 써서 하루 빨리 누명을 벗을 방법을 강구하라고 충고했다. 나는 움직이는 것이 가만있느니만 못하다고 여겨 계속 차분히 기다렸다.

이는 문혁 후기에 바진이 관방의 너그러운 용서와 해방을 바라는 심리를 이미 극복했음을 보여준다. 그는 일찌감치 자기의 손으로 머리에 씌워진 '긴고아'를 벗어버렸다. 그래서 「편지 한 통」을 지도자가 아닌 독자에게 씀으로써 십여 년의 침묵을 깨고 스스로의 명예를 회복했던 것이다. 이 경험에 근거하여 우리는 그가 문예계에 건넌 충고의 뜻을 짐작할 수 있다. 문학 창작에 종사하는 사람에게 필요한 것은 외부로부터 찾아온 해방이 아니라 직접 해방을 쟁취하는 '독립적 사고'이다.

『무제집』은 작가가 독자에게 속마음을 모조리 쏟아내고 있다는 느낌을 안겨준다. 특히 『대공보』에 집중적으로 발표한 마지막

7편의 글은 그러한 추측의 근거가 된다. 이 글들에 담긴 내용과 주제는 다음과 같다. 「144. 관료 기풍」은 관료주의와 부패 문제를 다루고 아울러 문혁 후기 자신의 상황을 회고하며, 「145. '문혁' 박물관」은 '문혁' 반대와 1983년의 '정신오염 제거' 운동을, 「146. 20년 전」은 문혁 초기의 처지 및 그 후의 변화를, 「147. 페이잉 형을 회고하며」는 무정부주의 사상을, 「148. 세 번째 된돤(端端)을 이야기하다」는 교육문제를, 「149. 노화」는 '5·4 정신'을, 「150. 후펑을 회고하며」는 30년대 문단의 상황과 '후펑 집단' 문제를 다루고 있다.

이 글들 속에서 바진은 그동안의 경험에서 우러난 독립적 사고의 정수들을 선보임과 함께 이제까지 회피하거나 에둘러 거론했던 민감한 주제들, 즉 무정부주의와 후펑 집단 문제를 본격적으로 다룬다.

문혁 종료 후 얼마 되지 않아, 무정부주의자 예페이잉(葉非英)의 가족과 출판인 루즈펀(盧芷芬)의 부인은 바진에게 편지를 보내 자기 가족의 명예회복 신청을 도와달라고 부탁한다.[7] 루즈펀은 「『환혼초』에 관하여」라는 글을 통해 그의 불행한 운명이 소개되었지만, 예페잉은 1986년 「147. 페이잉 형을 회고하며」를 발표할 때까지 한 번도 언급되지 않았다. 예페이잉은 3, 40년대 푸젠성(福建省)에서 교육사업에 종사했던 아나키스트로, 30년대

7 陳開曇, 『巴金傳』 續卷, 上海文藝出版社, 1994, 285쪽.

초반 바진이 푸젠과 광둥 지역을 갔을 때 서로 알게 된 사이이다. 국민당이 중국을 통일한 1927년 이후 공산주의와 무정부주의는 정치적으로 이단시되어 억압을 당했다. 이를 계기로 광둥과 푸젠의 일부 아나키스트들은 군중조직에서 교육 분야로 점차 활동 방향을 바꾸게 되었다. 그 시기 바진 역시 무정부주의 운동의 새로운 노선과 역량을 물색하던 참이었다. 그런 그에게 아나키스트 학교를 세워 후대 양성에 헌신적으로 힘쓰는 친구들의 모습은 탄복할만한 것이었으나, 정작 그들의 활동에 직접 참여하지 않았고 더욱이 그 일원이 되진 않았다.[8] 현실 사업을 구상하는 데에 있어 바진과 그들, 특히 예페잉 사이에는 의견 차이가 컸다. 바진은 항상 "문화 건설에 종사하는 것은, 물방울로 돌을 뚫는 것처럼 십 년을 하루 같이 여기는 결심이 필요하지, '필사적으로 매달리는' 것만으로는 부족하다"고 생각했다. 그렇다 하더라도 바진은 여전히 무정부주의자 예페잉이 중국 인민을 위해 공헌한 바를 인정하고 있다.

> 그의 일생은 오로지 남을 위해 바치는 것 뿐 수입은 없었고, 자기의 마음으로 남의 마음을 헤아렸다. ……나는 그를 비판할 자격이 없다. 그는 헛말을 하는 사람이 아니었다. 심지어 3년 재해 시기, 조건이 열악하고 배불리 먹지 못하던 때에도 전력을 다해 노동을 하다가 끝내 생명을 자신의 조국과 인민에게 바쳤다.

---

8 陳思和, 『人格的發展 — 巴金傳』, 上海人民出版社, 1992, 137-138쪽.

무정부주의 이념을 몸으로 실천했던 페이잉의 삶을 높이 평가하는 이유가 그의 명예 회복 뿐 아니라, 자신이 신봉하는 아나키즘을 변호하고 긍정하는 데에 있음은 물론이다.

바진은 '후펑 문제'에 있어 매우 신중한 태도를 견지했다. 1981년 일본 아사히신문 특파원이 후펑에 대해 언급하자, 그는 "후펑을 비판할 때, 저 역시 '남이 말하는 대로 따라 말하고', 비판자 쪽에 섰습니다. …… 저는 당시 자신의 언행을 반성하고 있습니다. 사실의 진상을 이해하지 못하고 발언하는 것은 안 될 일입니다"[9] 라고 대답할 뿐 '후펑 문제'의 본질이 도대체 무엇인지는 밝히지 않았다. 『수상록』의 마지막 글[10]에 이르러서야 바진은 비교적 솔직하게 이 문제를 다루고 있다.

개인적 교분이 두텁지는 않지만, 30년대 바진과 후펑은 루쉰이 중심이 된 '민족혁명전쟁의 대중문학' 구호를 지지한 바 있다. 중일전쟁 직전 좌익작가연맹과 루쉰은 긴장관계에 놓여있었다. 당시 중공 지도자였던 왕밍(王明)은 소련의 반파시스트 통일전선 전략에 근거하여 좌련을 해산하고 문예계에 통일전선을 구축하라고 명령했다. 저우양이 이 소식을 루쉰에게 전했을 때 루쉰은 반대의사를 표하고 좌련을 계속 유지하기를 희망했지만 뜻을 이루지 못

9 巴金, 「和日本『朝日新聞』駐上海特派員田所的談話」, 賈植芳等編, 『巴金寫作生涯』, 百花文藝出版社, 1984, 337-338쪽.

10 「150. 후펑을 회고하며」는 1986년 8월 20일에 완성된 글로 7월 29일에 쓴 제5권 『무제집』 후기보다 더 늦게 완성되었다.

했다. 결국 좌련이 해산된 후 쌍방 모두 연락을 끊고 대립상태에 접어들었다. 중일전쟁 발발 후 저우양 등은 '국방문학'의 구호를 제창하며 항일운동에 문예계 전체가 단결할 것을 호소했으나, 루쉰은 국민당을 보위하는 이 구호에 여전히 찬성하지 않았다. 이때 펑쉐펑이 산베이에서 비밀리에 상하이로 돌아와 루쉰이 있는 곳에 거하면서 저우양 등과는 연락을 취하지 않았다. 훗날 알려진 바에 의하면, 상하이 당 조직과 장기간 연락이 끊긴 당 중앙이 이들의 변절 여부를 확인할 길이 없었기 때문에 펑쉐펑은 상하이에 도착한 후 특별당원인 후위즈(胡愈之)나 문단의 거장 루쉰과 먼저 접촉하여 그곳의 상황을 파악했던 것이었다.[11] 그러나 이런 내막을 알 길이 없었던 저우양 일파에게 당 중앙의 비밀 특파원이었던 펑쉐펑이 지하당원을 찾아가지 않고 루쉰 편에 선 사실은 대단히 큰 충격이었다. 그 후 얼마 지나지 않아 루쉰을 중심으로 한 문예계 인사들이 '민족혁명전쟁의 대중문학'이라는 구호를 내세우게 된다. 이 구호는 루쉰이 후펑을 통해 작성한 「인민대중은 무엇을 원하는가?」라는 글에서 제기된 것이었다. 본래 서로 적대시하던 저우양과 후펑은 이 글에서 제창한 새로운 구호로 말미암아 다시 충돌하게 되고, 문예계 전체가 '두 개의 구호 논쟁'에 휩쓸리게 되었다. 저우양파였던 쉬마오융은 루쉰에게 편지를 써 후펑과 바진을 포함한 일부 자유주의 작가들이 루쉰을 속이고 있다고 비난했

11 胡愈之, 「我的回憶」, 『胡愈之文集』 第6卷, 生活·讀書·新知三聯書店, 1996, 359쪽 참조.

지만, 루쉰은 오히려 쉬마오융의 주장에 반박하며 그들을 비호하였다.[12] 논쟁이 격렬해짐에 따라 두 세력 간의 갈등도 깊어져갔다.

1936년 중순 펑쉐펑, 마오둔(茅盾), 정전둬(鄭振鐸) 등의 노력 하에 문예계 각 방면의 대표들을 최대한도로 포함시킨 「문예계 동인의 단결된 침략 항거와 언론 자유를 위한 선언(文藝界同人爲團結御侮與言論自由宣言)」이 발표되었지만, 저우양과 샤옌은 이 선언문에 이름을 올리지 않는다. 조정과 양보를 거치며 두 개의 구호 논쟁이 마무리되었으나 저우양과 후펑의 개인적 원한은 그 후로도 풀리지 않은 채 지속되었다. 게다가 둘 사이의 적대 관계는 신중국에서의 후펑의 운명을 결정지었다.

1954년 후펑은 "여기저기에서 반복적으로 들고 있어나는 비판과 고립되고 냉담하며 희망이 폭발하는 날의 도래를 더 이상 참을 수 없고" "성명 정신[13]이 비판하고 폭로한 소식이 그로 하여금 상대를 고발하여 넘어뜨릴 수 있겠다는 희망을 느끼게 했기" 때문에[14] 중앙에 글을 올려 문예 문제를 체계적으로 토론하고 자신의 사상에 대해 해명하기로 결정한다. 그리하여 같은 해 7월 22일 3개월에 걸쳐 완성한 30만 자의 편지를 가지고 중앙 문교위원 부주석 시중쉰(習仲勛)과 만나 자신의 글을 중공중앙,

---

12 魯迅, 「答徐懋庸并關於抗日統一戰線問題」, 『魯迅全集』 第6卷, 人民文學出版社, 1991, 526-538쪽.

13 公報精神: 1954년 2월 18일 『인민일보』에서 발표한 제7차 4중전회 성명을 가리킨다. 이 성명은 고급 간부들의 교만함을 주로 비판하였다.

14 李輝, 『文壇悲劇』, 花城出版社, 1998, 174쪽.

마오쩌둥, 류사오치(劉少奇), 저우언라이(周恩來)에게 전해줄 것을 요청한다.[15] 후펑은 자신의 사상이 지도자들의 공감을 얻을 것이라 여겼을 뿐, 이로 인해 향후 몇 십 년에 걸친 참혹한 탄압이 있으리라고는 전혀 예상하지 못했다.

1940년대 민족형식에 대한 토론, 현실주의 이론, 주관전투 정신 강조 등에서 후펑은 마오쩌둥과 확연한 의견 차이를 보인다. 사실 이러한 차이는 지식인과 관방 사이에 존재하는 의견의 불일치일 따름이지, 후펑 집단이 받은 '국민당 스파이'나 '무산계급 정권 전복' 혐의와는 아무 관련이 없는 것이었다. 하지만 후펑의 사상과 자신과의 갈등을 철저히 소멸함으로써 지식인들에게 경고의 메시지를 전하려고 작정한 마오쩌둥은 '반후펑 집단' 운동을 일으키게 된다. 이 운동은 전국적인 범위에서 진행되었고 사회 각계는 후펑을 성토하는 거대한 조류 속으로 휩쓸려갔다. 바진 역시 이 매서운 정신적 검증의 절차를 피할 수 없었다. 「150. 후펑을 회고하며」에서 그는 당시 처한 곤경과 부끄러운 선택을 솔직하게 털어놓고 있다.

이 글은 "후펑이 서거한지 이미 반년이 지났을" 때(1986년 2월)부터 쓰기 시작하여 같은 해 8월에야 완성된다. 글쓰기에 소모된 6개월이라는 시간은 '후펑 문제'를 꺼내는 것이 바진에게 결코 쉽지 않은 일이었음을 짐작케 한다. 그는 "마치 뭔가가 가슴을 꽉 막

15 李輝, 『文壇悲劇』, 花城出版社, 1998, 188쪽.

아 토해내지 못한 것처럼 줄곧 숨이 탁탁 막혔다"고 고백한다.

바진은 비교적 쉽게 접근할 수 있는 일, 즉 루쉰의 장례를 언급함으로써 후펑을 회고하기 시작한다. 3, 40년대의 후펑을 회고하면서 그는 자신이 비록 후펑의 인재 양성에 '탄복'했지만, "그를 본받고 싶진 않았고", "후펑의 저작을 거의 읽지 않아 그의 문예관에 대해 잘 알지 못한다"는 표현들을 사용하며 둘 사이의 거리감을 계속 강조한다. 하지만 이 글에서 다루는 핵심적인 내용은 서로 간의 차이가 아니라, 정치운동이 무고한 지식인에게 안겨준 황당무계한 비극이다. 문예문제가 정치적으로 다뤄지면서 다년간의 비판과 감옥생활이라는 대가를 치룬 노년의 후펑은 정신분열증까지 앓게 되었다.[16] 1985년 3월 중국현대문학관 개관식에 참석한 후펑은 심각한 정신분열증세에서는 벗어났지만 일찍이 바진이 알던 후펑은 아니었다.

> 그는 완전히 변했다. 한 눈에 그가 병자라는 것을 알 수 있었다. 표정이 없고 말도 하지 않았다.

30년대 재능이 넘치던 젊은 문인이 몇 십 년간의 정치풍파를 거친 후 병약한 노인이 되어 나타난 것이다. 이 가슴 아픈 만남은 바진으로 하여금 영원히 잃어버린 시간의 소중함을 다시 한 번 확인시켜준다.

16 李輝, 『風雨中的雕像』, 山東畵報出版社, 1997, 156-158쪽.

> 마치 눈을 뻔히 뜬 채로 몇 십 년의 세월이 멀리 사라지는 것을 잡을 방법 없이 바라보고만 있는 것 같다.
>
> 웃음이 있고 활력이 넘치던 시인이 정신이 온전치 않고 아무런 생기도 없는 병부가 되어버렸다. 그가 당한 박해와 고통이 얼마나 컸던가! 계속 일할 수 없게 되었으니 이보다 더 고통스러운 일은 없을 것이다.

과거의 정치운동이 지식인에게 입힌 가장 치명적인 타격은 명예훼손이 아니라 되돌릴 수 없는 청춘과 재능의 상실이라는 지적이다. 설사 관방이 지식인에게 철저한 명예회복을 해준다 해도 이 방면의 손실은 보상받을 길이 없기 때문이다.

> 그 '투쟁' 중에 나는 도대체 어떤 일들을 한 것인가? 상하이에서 세 편의 글을 쓰고 몇 차례의 비판회를 주최했던 기억이 난다. 회의는 하고난 후에 잊어버렸고 그 회의를 많이 신경 쓰는 사람도 없었다. …… 운동이 시작되자, 사람들이 나더러 입장 표명을 하는 비판 글을 쓰라고 권했다. 쓰고 싶지 않았고 쓸 수도 없었으며 실제로 써지지 않았다. 어떤 이가 원고 독촉을 하러 왔는데, 태도가 매우 무례했다.
>
> 나는 그의 30만 자의 '편지'를 읽었고 얼마 지나지 않아 잊어버렸다. 하지만 자세히 생각해봐도 크게 잘못된 것은 없는 듯 했다.

평범한 인민들과 달리 지식인들은 후펑의 문예이론과 사상이 결코 '반혁명'적이지 않다는 사실을 잘 알고 있었다. 하지만 한 무더기 한 무더기의 자료들이 공개되어 비판받고, 전 사회의 창끝이

후평분자들에게 집중되었을 때, 지식인들은 저항할 수 없는 압력과 공포를 느꼈다. 그들은 이 운동의 유일한 목적이 후평 집단 타도이며, 그들을 타도하려는 관방에게 타협이나 상의의 여지가 전혀 없음을 알게 되었다. 동일한 재난이 자신에게 임하지 않게 하려면 양심을 어긴 채 역사적 사실과 후평의 문예사상을 왜곡 해석할 수밖에 없었다. 바진은 이 글에서 지식인인 자신이 직접 또 다른 지식인을 공격한 사실에 대해 깊이 참회하고 있다. 비록 그 비극의 궁극적인 책임은 당시의 최고 지도자에게 있겠지만, 지식인들이 소극적인 태도로 일관하며 관방을 지지한 것이 국가권력에게 힘을 보태준 것만은 사실이기 때문이다. 그리고 당시 권력자를 지지했던 글들이 이제 발뺌할 수 없는 범죄의 증거로 남아있음을 지적한다.

> 글은 보존되어 적어도 도서관과 자료실에 있다. 사실 그것들조차도 일찌감치 잊혔겠지만, 내가 과거를 총결할 때에만 그것들은 불로 도장을 찍듯 내 가슴에 새겨지는 것 같고, 어떤 음성이 내 귓가에 늘 이렇게 말하고 있는 듯하다. "잊지 마라!"

다른 지식인에 대한 바진의 참회는 이 글에서 최고조에 달한다. 그는 「후평과 관련된 두 가지 사실(關於胡風的兩件事情)」과 「꿍꿍이가 있는 『저지에서의 전역』을 말하다(談別有用心的『洼地上的戰役』)」를 썼을 때의 고통스러운 심정을 여과 없이 드러내고 있다. 자기 뜻대로 결정할 수 있는 일은 하나도 없었지만, 외부 요인에 의해 저지른 잘못이었다는 이유가 마음속 깊은 곳의 죄책감을 덜어줄 수는 없었다. 1955년 루링(路翎)에게 한 비판에 대해 그는 다음과 같이 사죄하고 있다.

> 당초『저지에서의 전역』을 평할 때 작가를 다치게 하려는 마음은 전혀 없었지만, 운동의 급이 올라가면서 내 글도 덩달아 급이 올라갔다.
>
> 역사는 마음대로 날조될 수 없고 침묵은 진실이 널리 퍼지는 것을 방해할 수 없다. 그에게 튄 구정물 역시 어떠한 작용도 일으킬 수 없을 것이다. 다만 '마음에 없는 말'을 한 것 때문에 나는 스스로를 용서할 수 없다.

바진은 고통에 찬 목소리로 자신의 '수상'을 마치고, 이후 '절필'을 선언한다. 작가가 비록 속의 말을 다했다고 하더라도 독자들이『수상록』안에 여전히 다하지 못한 말과 다 표현하지 못한 생각들이 있다고 여기는 것은 왜일까? 노작가가 제기한 문제들이 여전히 풀리지 않은 채 남아있기 때문은 아닐까? 그렇다면 그가 소설『집』을 평가한 것처럼『수상록』역시 자신의 사명을 다하지 않았다고 봐야 할 것이다. 그리고 바로 이 때문에 바진은 90년대에도 펜을 들어 '독립적 사고'의 결과를 기록했을 것이다.

1980년대 중국 원로지식인들의 분노 표출의 양상
: 자오단, 바진, 샤옌을 중심으로

들어가며

1978년 12월 18일부터 22일까지 베이징에서 소집된 '중공 11기 3중 전회'를 기점으로 중국은 거대한 변화를 맞이하게 된다. 1976년 천안문 사건에 대한 긍정적 평가, 덩샤오핑 비판 문제의 해결, 류사오치를 위시한 주자파의 복권은 물론, 우파분자 및 당 내외 인사들의 복권이 1978말부터 1981년까지 집중적으로 이뤄졌다. 이 같은 대대적인 복권작업에 발맞춰 이미 고인이 된 당원과 지식인들의 추도회도 전국 각지에서 거행되었다. 수많은 이들의 명예회복과 함께 중국사상계는 '사상해방운동'이라는 새로운 역사의 흐름 속으로 들어선다.

'사상해방운동'은 과거의 역사를 반성하고 비판하는 것에서 출발해야 했다. 그리고 그 비판의 날은 마오쩌둥으로 상징되는 공산당을 향할 수밖에 없었다. 비록 마오의 혁명 업적들이 '문화대혁명' 중의 과오보다 훨씬 월등하다[1]고 관방에 의해 미리 규정지어졌더라도 새로운 시대의 사고방식이 국가이데올로기의 요구를 그대로 받아들일 수는 없는 일이다. 여러 세대의 지식인들이 자신들의 경험을 토대로 과거를 되돌아보고 문혁을 이야기하였다. 그 중에서도 이미 인생의 황혼기에 접어든 원로지식인들의 역사회고는 매우 중요한 의미로 자리매김했다. 반식민지 상태의 군벌정치, 국민당 정권, 항일전쟁과 국공내전, 공산화 이후의 사회를 골고루 거치며 형성된 역사인식은 공산화 이후의 경험이 주를 이루는 젊은 세대와는 다른 차원의 반성과 현실적 대안 제시를 가능하게 했기 때문이다.

이 글은 1980년대 원로지식인의 역사 회고 중에 드러난 '분노'에 집중하려 한다. 분노란 현실의 부당성을 인식함에서 출발하며 그 부당함을 제거하려는 실천을 이끄는 감정이다.[2] 2차 세계대전 당시 레지스탕스 일원으로 활약한 후 1948년 유엔 세계 인권 선

1 「關於建國以來黨的若干歷史問題的決議」, 『「關於建國以來黨的若干歷史問題的決議」名詞解釋』, 長征出版社, 1981, 35쪽 참조.

2 김경호는 분노가 강제와 억압에 의한 무시와 폭력, 비인간적인 정서적 모멸과 같이 인격적인 침해를 받았을 때 그에 대한 저항의 형태로 드러난다고 보며, 분노 감정의 집단적 공감과 그 에너지의 응축과정이 예기치 않은 우연적 계기성을 통해 증폭되면서 사회적 저항의 형식으로 발화한다고 지적한다. 김경호, 「봉기의 동력에 대한 철학적 성찰—이상사회와 유토피아를 향한 분노와 분투」, 『감성연구』 제7집, 2013, 44쪽 참조.

언문 초안 작성에 참여한 외교관 출신의 사회운동가인 스테판 에셀은 투쟁선포문과 같은 그의 짧은 저서 『분노하라』에서 다음과 같이 말한다.

> 내가 나치즘에 분노했듯이 여러분이 뭔가에 분노한다면, 그때 우리는 힘 있는 투사, 참여하는 투사가 된다. 이럴 때 우리는 역사의 흐름에 합류하게 되며, 역사의 이 도도한 흐름은 우리들 각자의 노력에 힘입어 면면히 이어질 것이다. 이 강물은 더 큰 정의, 더 큰 자유의 방향으로 흘러간다.[3]

1980년대 원로 지식인들은 정도의 차이는 있으나, "민중을 각성시키는 일에 주력"하여 "지혜의 열매를 문인학자들에게 천시를 받았던 민중들에게 전달"[4]했던 5·4 지식인 전통에 직접 참여했거나 계승한 세대였다. 비록 공산화 이후 자유주의 지식인에 대한 사상개조 및 각종 정치운동으로 말미암아 대다수가 '공정'과 '양심'이라는 기존의 지식인 역할에서 물러나야 했지만, 지식인으로서의 본성까지 바꿀 수는 없었다. 80년대 봇물처럼 터져 나온 회고록과 잡문들은 자기변호에 그치는 경우도 많았으나, 과거에 대한 반성에서 출발하여 지식인의 정체성을 회복하고 올바른 역사인식의 수립과 민중의 인권 회복에 기여하려는 양심을 표현

3 스테판 에셀 지음, 임희근 옮김, 『분노하라』, 돌베개, 2011, 15쪽.

4 수형저(舒衡哲), 「5·4의 양대 지식인」, 쉬지린 편저, 김경남·박영순 등 옮김, 『20세기 중국의 지식인을 말하다』 2, 도서출판 길, 2011, 105쪽.

하기도 했다.

이 글에서 다루고자 하는 세 명의 지식인, 자오단, 바진, 샤옌은 나름의 대표성을 지닌 인물이라 할 수 있다. 예술가로서의 면모가 강했던 자오단, 공산당과 일정한 거리를 유지하며 평생 자신의 사상적 신념을 견지해 온 아나키스트 바진, 이데올로기의 틀에서 벗어난 적이 없는 관방지식인 샤옌, 80년대 이들이 발표했던 글들은 사상해방운동에 참여했던 서로 다른 성향의 원로지식인들의 입장을 상당 부분 대변하고 있다.

30년대 영화계를 풍미했던 미남배우 자오단은 자신의 존재가치를 오로지 연기에서 찾았기에 많은 글을 남기지는 않았다. 그러나 1980년 10월, 죽음에 임박하여 발표한 「너무 구체적으로 관여하면 문예는 희망이 없다(管得太具體, 文藝沒希望)」는 수많은 문예 종사자와 지식인의 속내를 솔직히 대변해주는 글로 평가받고 있다. 이 글을 통해 자오단은 문예를 정치에 예속시켜온 국가이데올로기에 대한 분노를 과감히 표출했을 뿐 아니라, 다른 지식인들의 호응을 이끄는데 크게 기여했다. 80년대 사상해방운동의 백과사전과도 같은 저서[5]인 『수상록』의 저자 바진은 그야말로 이 시기를 대표하는 원로지식인이라 할 수 있다. 1978년 말부터 1986년 8월까지 홍콩 『문회보』에 연재된 이 작품은 개혁개방 이후 중국사회의 변화를 비교적 상세하게 이해할 수 있는 사료적

5 陳思和, 「從魯迅到巴金: 『隨想錄』的淵源及其解讀」, 上海巴金文學研究會編, 『細讀隨想錄』, 上海社會科學院出版社, 2008, 44쪽.

가치를 지님과 동시에, 지식인의 분노가 타인만 겨냥하지 않고 자기 자신까지 포함시키는 새로운 차원으로 발전할 수 있음을 보여주었다. 지식인의 양심이 어떻게 발현되어야 하는가에 대한 이상적인 모습을 보여준 그의 글들은 지금도 많은 이들 사이에서 회자되고 있다. 20년대부터 공산혁명에 참여했던 샤옌은 전형적인 관방지식인이다. 반우파 투쟁 당시, '두 개의 구호 논쟁' 중 불거진 30년대 좌익문예계 갈등의 책임을 펑쉐펑에게 돌리는 등 정치담론 추종자로서의 인상을 강하게 남겼던 그 역시 문혁의 풍파를 비껴갈 수 없었다. 문예계에 상당한 파장을 일으켰던 「일찌감치 잊어버려야 했지만 잊을 수 없는 지난 일들」과 회고록 『게으르게 옛 꿈을 찾다(懶尋舊夢錄)』에는 공산혁명을 시대의 부름으로 받들고 살아온 한 주류 관료문인의 분노가 고집스러운 자기 합리화와 함께 뒤섞여있다.

이 세 명의 지식인에 대한 기존 연구의 분량은 상당하지만, 만년의 회고록과 관련된 연구는 편차가 심하다. 자오단에 대한 연구는 주로 그의 출연 영화를 중심으로 이뤄지고 있으며, 유언으로 남긴 글인 「너무 구체적으로 관여하면 문예는 희망이 없다('너무 구체적으로'로 약칭)」에 대해서는 주로 그의 생애 마지막 행보를 이해하는 차원에서 언급되고 있다.[6] 『수상록』에 대한 연구는 지금

6 자오단의 죽음과 관련된 회고 및 기록은 다음의 글들을 참조. 黑子, 「趙丹生命的最後時刻」, 『章回小說』 2001年 第1期 ; 張建安, 「趙丹最後的日子」, 『文史精華』 2006年 第7期 ; 李楊, 「趙丹遺言」, 『中國新聞周刊』 2008年 第35期 ; 陳

까지 꾸준히 이어지고 있는 바, 단편 논문 2,500여 편, 학위논문 360여 편이 발표되었고,[7] 그 외 여러 권의 단행본들이 출판되었다. 많은 연구가 바진의 참회의식, 역사의식, 지식인의 양심과 실천에 집중되어 있고, 천쓰허처럼 한 시대를 망라하는 대표 저서로 이해하는 경우도 있다. 샤옌에 대한 연구는 주로 그의 극본창작에 집중되어 있으며 『게으르게 옛 꿈을 찾다』와 샤옌의 기타 회고록에 대한 연구는 상대적으로 많지 않은 편이다.[8]

이 글에서는 기존 연구에서 다뤄지지 않은 분노의 표출 양상을 주제로 하여 문혁이라는 동일한 역사적 비극을 경험한 서로 다른 대표성을 지닌 세 명의 원로지식인이 무엇에 불만을 표하고 어떻게 분노하는지에 집중하려 한다. 그리고 그들의 분노에 담긴 동질성과 차이점은 무엇이며, 그것이 오늘의 우리에게 시사하는 바는 무엇인지 살펴보고자 한다.

淸泉, 「趙丹遺言眞相及其他」, 『世紀』 2012年 第5期 : 黃宗英, 「關於趙丹 — 黃宗英致李輝書簡4封」, 『北京紀事』 2004年 第9期 등.

7 2015년 2월 현재 CNKI 검색 결과, 『수상록』을 주제로 한 단편 논문은 총 2,520편, 학위논문은 368편이 검색되었다. 대표적인 연구단행본으로는 上海巴金文學硏究會에서 펴낸 『細讀隨想錄』(上海社會科學院出版社, 2008年), 胡景敏의 『巴金『隨想錄』硏究』(復旦大學出版社, 2010年), 周立民의 『巴金『隨想錄』論稿』(復旦大學出版社, 2011年) 등이 있다.

8 샤옌 회고록과 관련된 연구로는 李何林, 「爲魯迅馮雪峰答辯 — 讀夏衍『懶尋舊夢錄』」, 『魯迅硏究動態』 1986年 第7期; 韓彬, 『現代中國作家自傳硏究』, 山東師範大學博士論文, 2013年 5月; 王國英, 『權力·話語·政治文化 — 夏衍話語實踐硏究』, 浙江大學博士論文, 2008年 4月 등이 있다.

자오단—죽음을 앞둔 지식인의 분노

1965년 『맹렬한 불길 속의 영생(烈火中永生)』의 촬영을 끝으로 은막에서 쫓겨났던 자오단은 문혁이 종결되자 다시 연기를 할 수 있으리라는 기대에 부풀었다. 베이징 영화 제작소에서는 『세차게 흐르는 강(大河奔流)』을 제작하면서 그에게 저우언라이 역을 제의했고, 그는 흔쾌히 제의를 받아들였다. 그러나 정식 촬영이 시작될 즈음 자오단이 저우언라이 역을 맡지 못하게 하라는 지시가 내려왔다. 그의 귀에 들려온 출연 불가의 가장 큰 이유는 바로 장칭(江青)과의 스캔들이었다. 당시 항간에는 해방 이전 자오단과 장칭이 부적절한 관계였으며 자오단의 딸 자오칭(趙青)은 둘 사이의 아이라는 소문이 돌고 있었다. 상부에서는 이런 추문의 주인공이 저우 총리 역을 맡는 것은 적절치 않다고 판단하여 출연 결정을 취소하였고, 자오단의 분노는 이루 형용할 수 없을 정도에 다다랐다.[9] 이후로도 그의 영화 출연은 여러 차례 무산되었다.

물론 문예계의 지도부가 항간에 떠도는 추문 때문에 자오단의 영화 출연을 막았을 리는 만무하다. 정확히 말하자면 장칭과의 스캔들은 그의 복귀를 막기 위한 핑계에 불과했다. 예술가답게 이성보다 감정이 앞서기 일쑤였던 자오단은 문혁 이전부터 과감한 발언과 개성으로 타인의 이목을 끌었다. 영화 『무훈전』, 『우리 부부

9 자오단의 『세차게 흐르는 강』 출연 번복과 관련된 내용은 張建安, 「趙丹最後的日子」, 『文史精華』 2006年 第7期, 56-57쪽 참조.

사이(我們夫婦之間)』에 대한 비판을 거치며 정치풍파의 매서움을 충분히 짐작했을 것임에도 불구하고, 자오단은 이후에도 불같은 성정을 이기지 못하고 자신의 속내를 드러내기 일쑤였다. 1957년 덩쥔리(鄧君里) 등과 함께 집필한 『난롯가 야화(爐邊夜話)』에서는 문예 공작에 대한 당의 지도를 어떻게 개선해야 할 것인가를 허심탄회하게 논하여 "말이 신중치 못하다"라는 지적을 받았고, 1961년 창작회의 기간에는 '쌍백'방침 관철과 예술위주의 실행 방법을 주장하는 견해를 발표하기도 했다.[10] 1962년 전국 영화토론회에서는 저우언라이와 양보 없는 설전을 벌이기도 했는데, 결국 "자오단의 견해도 한 개인의 관점이고, 나의 견해도 한 개인의 관점이다. 두 종류의 관중이 동시에 병존하는 것이 바로 백가쟁명, 백화제방이다"는 저우언라이의 발언이 나오고서야 논쟁이 마무리 되었다.[11] 문혁이 막 시작됐을 무렵, 상하이 진장호텔(錦江飯店)에서 열린 한 좌담회에서 자오단은 함께 참석한 이십 여명의 예술가들의 시선은 아랑곳하지 않고 저우언라이에게 대담한 요구를 한다. "총리님, 마오 주석께 말씀드려서 비판 면제증을 하나 받아다 주실 수 없나요?"[12] 그의 이 같은 돌출 행동과 발언은 지도부의 주의를 끌기에 충분했다.

그러나 문혁 이후 자오단이 정부의 눈 밖에 나게 된 가장 큰 계

---

10 陳淸泉, 「趙丹遺言眞相及其他」, 『世紀』 2012年 第5期, 25쪽 참조.

11 陳淸泉, 「趙丹遺言眞相及其他」, 『世紀』 2012年 第5期, 28쪽 참조.

12 黑子, 「趙丹生命的最後時刻」, 『章回小說』 2001年 第1期, 72쪽 참조.

기는 아마도 그에게 내려진 정치적 평가, 즉 "인민내부의 모순에 속함, 일부 잘못된 말과 행동을 했음"이란 결론에 동의하지 않은 사건일 것이다. 자오단은 이 결론에 크게 화를 내며 동의 서명을 거부하고 문혁기간 자신이 작성한 자백 문건들도 수령하지 않았다. 그는 이 일로 말미암아 자신이 또다시 괴롭힘을 당하리라고 예상했는데,[13] 그 대가가 바로 영화출연 금지로 나타났던 것이다.

1980년 자오단은 드디어 중일 합작 영화 『다 두지 못한 바둑 한 판(一盤沒有下完的棋)』의 주인공으로 낙점되었지만, 췌장암으로 입원하면서 얼마 후 죽음을 맞이하게 된다. 80년 10월 8일 『인민일보』에 발표한 「너무 구체적으로」는 15년에 이르는 관방의 연기활동 불허에 대해 그가 인생의 마지막 시간을 이용하여 내뿜은 분노의 목소리였다. 이 글이 발표되기 한 달 전부터 『인민일보』 문예면은 "문예에 대한 당의 영도를 개선하여 문예사업을 활성화시키자"는 주제의 토론을 전개했다. 자오단의 글은 이 토론 중의 한 편인 셈이나, 내용은 토론의 주제를 무색케 하리만큼 신랄했다.

그는 글의 서두에서부터 지도자와 예술가들 사이의 심리적 간극이 얼마나 큰지 지적한다.

> '편집자의 말' 가운데 "문예 공작에 대한 당의 영도는 반드시 개선

13 문혁시기 자백 문건 수령 및 정부의 결론에 대한 자오단의 거부와 관련된 내용은 李輝, 「趙丹和他的獄中交代」, 『江南都市報』 2003年 10月 20日 참조.

되어야 하고, 개선을 통해 강화되어야 한다. 이 점에 있어서 우리의 입장은 확고부동하다"라는 대목을 보았을 때 걱정이 태산 같았다. 나는 '편집자의 말' 중의 '우리'라는 범위가 얼마나 넓은지 모른다. 나는 당의 사업에 지극히 충성스럽고 흔들림 없는 우리 몇몇 예술가들이 "당의 영도를 강화한다"는 말만 들으면 조건반사적으로 두려워한다는 것만 알 뿐이다.[14]

편집자가 언급한 '우리'와 자오단이 말한 '우리' 사이에는 묘한 긴장관계가 자리 잡고 있다. 국가이데올로기를 대변하는 편집자의 '우리'는 상황에 따라 그 범위가 탄력적으로 변할 수 있다. 정부가 중도적 입장을 취할 때는 자유주의적 관점까지 포괄할 정도로 범위가 확장되지만, 극좌로 치우치면 거의 모든 지식인들을 적으로 돌릴 수 있을 만큼 협소해진다. 자오단이 공포를 느끼는 이유는 바로 '우리'에 대한 '당의 영도'가 상상할 수 없을 정도로 유동적이고 임의적이라는 데에 있었다. 그는 언제든지 문예가와 지식인들이 '우리'의 울타리 밖으로 내팽개쳐질 수 있음을 지적하고 있다.

이어서 자오단은 당시 문예정책의 가장 큰 문제로, 창작에 대한 당의 지나친 간섭과 문외한 지도자의 지시를 받아야 하는 답답한 현실을 들고 있다.

14 趙丹, 「管得太具體, 文藝沒希望」, 『人民日報』 1980년 10월 8일, 제5면.

> 문예는 문예가 자신의 일이다. 당이 문예에 너무 구체적으로 관여하려들면 문예는 희망이 없어지고 끝장난다. '사인방'이 문예에 대해 가장 구체적으로 관여하여 연기자의 허리띠, 의상의 기운 자리까지 관여하더니 8억 인민에게 여덟 편의 극만 남게 해줬다. 이것이 반면적으로 우리의 경각심을 불러일으키지 않는단 말인가?!
>
> ……문예를 주관하는 모든 영도자들은 자신이 "당의 문예방침과 혁명문예사상을 견지한다"고 말하는데, 마치 문예전문가들은 오히려 눈과 귀가 어둡고 생각이 짧은 중생인 듯하다. 5·4신문화운동이 일어난 지 60년이나 되었고, 전국의 무산계급 문예대군은 수백만에 이르는데 왜 중앙부터 각 성, 구, 현, 공사, 공장과 광산에 이르는 거의 모든 곳에서 문예를 모르거나 잘 이해하지 못하는 문외한에게 영도를 청해야 안심하는 것인가?[15]

자오단은 당의 지나친 간섭 자체가 문예의 성격을 이해하지 못함을 의미하며, 끝없이 반복되는 문외한 지도자의 출현은 문예를 정치에 옭아매려는 의도에 불과하다고 지적하고 있다. 당시의 문예정책은 기본적으로 문혁시기 '사인방'의 정책과 다를 바 없고, 그런 상황에서 문예의 발전을 기대하는 것은 무리임을 주장하고 있다.

그는 "나에겐 이미 두려울 게 없다. 그저 충분히 지껄였다고 느낄 뿐이지만, 대체 얼마나 효과가 있을른지?" 라는 말로 글을 맺고 있다. 이 말에는 더 이상 관방의 눈치를 볼 필요가 없게 만들어

---

15 趙丹, 「管得太具體, 文藝沒希望」, 『人民日報』 1980년 10월 8일, 제5면.

준 죽음을 담담히 받아들이고 있는 심경과 자신의 노골적인 비판에도 문예계의 현실이 쉽게 바뀌지 않으리라는 실망이 함께 담겨 있다. 그리고 수 십 년 동안 지식인을 부당하게 억압해 온 국가이데올로기에 향한 비아냥도 섞여 있었다.[16]

자오단은 관방식 언어 표현을 최대한 피하며 자신의 언어로 분노를 표출했는데, 이러한 분노의 표출은 죽음에 직면해서야 가능했다. 이미 언급했던 바와 같이 5, 60년대에도 '신중치 못한 발언'을 한 경험이 있긴 하지만, 「너무 구체적으로」는 전혀 다른 차원의 발언이었다. 저우언라이에게 '비판 면제증'을 부탁하던 60년대의 자오단은 문혁이 어떤 성격의 정치운동인지 전혀 알지 못했다. 그는 문혁 역시 『무훈전』 비판이나 반우파 투쟁처럼 일부 사람들을 반동분자로 분류하고 타도한 후 수습될 것이라 여겼다. 그러나 한 국가의 구성원 전체가 10년이라는 세월동안 겪은 역사의 비극은 자신이 반동의 부류에 속하지 않기만을 바라던 한 개인의 소극적 사고를 여지없이 깨뜨려 버렸다. 더불어 문혁 이후에도 연기자로 무대에 설 수 없었던 좌절은 문예정책 전반에 대한 반성과 비판으로 이어졌다. 거듭되는 좌절과 역경은 문제를 바라보는 시야

16 자오단의 글이 발표된 후, 관방은 불편한 심기를 감추지 않았다. 한 고위 지도자는 "자오단은 죽기 전에도 헛소리를 했다"고 말했고, 이로 인해 『인민일보』 책임자는 상당한 압력을 받았다. 자오단 서거 후인 11월 23일에 거행된 『자오단 유작서화전(遺作書畵展)』은 교묘한 방식으로 관방과 매스컴으로부터 외면당했다. 자세한 내용은 李楊, 「趙丹遺言」, 『中國新聞周刊』 2008年 第35期, 77쪽 참조.

를 바꾸었고, 개인의 고난에 국한된 사고를 벗어나 전체의 이익과 정의를 요구하는 용기를 갖게 한 것이다. 1980년 죽음을 앞둔 자오단의 분노는 당의 문예정책을 겨냥한 것이었지만, 이는 결코 개인의 불행 때문만은 아니었다. 그는 자신을 위해 분노했고, 동시에 처지가 비슷한 수많은 문예창작가들을 위해 분노했다. 그리고 그의 분노는 다른 지식인들에게 옮겨가기 시작했다.

바진—타인과 자아를 함께 겨냥한 분노

연재 2년째에 접어든 바진의 『수상록』은 초기의 관방 언어 답습을 벗어나 점차 자신의 색깔을 찾아가고 있었다. 1979년 전반기에 쓴 글들을 살펴보면 바진은 수많은 사회문제의 책임을 린뱌오와 사인방에게 돌리고 있다. 다양한 도서가 출판되지 못하고 책 읽기에 대한 부정적인 사회분위기가 조성된 이유,[17] 자신의 재혼을 포함한 허황된 소문이 도처에 나도는 것,[18] 작가의 신분을 박탈당하고 작품들이 '독초'로 분류되어 탄압을 받았던 지난 날[19] 등이 모두 사인방의 폭정 때문이었다고 서술한다. 과거의 고통과 현재의 문제에 대한 분노가 타인, 특히 당시 국가이데올로기가 비판을 용인한 린뱌오와 '사인방'이라는 대상을 향하고 있는 것이다. 그러나 그 해 하반기에 접어들자 분노의 방향에 변화가 나타

---

17 「三, 多印幾本西方文學名著」.

18 「四, '結婚'」.

19 「七, '遵命文學'」.

난다. 이 변화는 특히 1979년 8월에 쓴 펑쉐펑에 대한 회고에서 두드러진다. 1957년 베이징에서 열린 중국작가협회 당조 확대회의에서 진행된 펑쉐펑 비판을 회상하며 바진은 다음과 같이 서술하고 있다.

> 나는 그가 왜 우파라는 것인지 이해하지 못했다. 그러나 역시 단상에 올랐고 진이와 함께 공동발언을 했다. ……22년 동안 쉐펑의 일을 생각하고 자신의 발언을 생각하면, 마치 바늘이 심장을 찌르는 것 같아 스스로를 책망하게 된다. '남들이 하는 대로 따라 말하는' 것이 익숙했는데, 갑자기 큰 고함소리가 들려 고개를 돌리니 그토록 많은 원혼들이 뒤에서 '배회'하고 있는 것이다. 이를 나 자신에게 어떻게 설명할 수 있을까? (29. 쉐펑을 기리며)

위 내용은 '사인방'이라는 특정 타인에게 집중되어 표출되던 바진의 분노가 자아까지 포함하여 확대되고 있음을 보여주는 중요한 대목이다. 해방 이후 중국지식인의 위상과 가치는 국가이데올로기의 지배 하에서만 인정받을 수 있었다. 1957년의 지식인들은 '우파분자'와 정치적으로 선을 그어야만 안위를 보장받을 수 있었기 때문에 '우파분자'에 대한 공식적인 변호를 할 수 없었다. 그러나 바진은 바로 그 부분에서 보잘 것 없는 '개인'의 역사적 책임을 논하고 있다. 펑쉐펑과 관련된 역사적 사실을 왜곡하여 증언한 것, 그를 향한 관방의 비판이 명백한 오류임을 알고도 묵인한 것, 그리고 이 모든 것이 자신을 보호하기 위함이었다는 사실을 밝히며 그는 자신도 역사적 반성과 책임에서 자유로울 수 없다고 주장한다.

이후 그는 지속적으로 분노의 범주를 확장시킨다. 1979년 12월의 글에서는 지식인들이 겪은 고초의 책임을 '사인방'에게만 국한시키지 않고 '국가' 전체로 넓혀 추궁하고 있다.[20] 해를 넘기면서 자아의 범주 역시 바진 개인을 넘어서 전체 작가, 지식인으로까지 확대된다. 1980년 2월에 쓴 글에서 바진은 창작의 책임이 '관'에 있지 않고 작가에게 있음을 강조하며, 작가들에게 타인의 말을 대변하지 말고 스스로의 의지를 표현하라고 요청한다.[21] 아울러 문혁을 6, 70년대 중국이라는 시공간에만 국한시키지 않고 인류역사 전체의 관점에서 바라보기 시작하며, 그 속에서 자신을 포함한 각 개인의 철저한 반성이 이뤄져야 함을 주장한다.

> 만약 십 년의 고통스러운 삶을 총결하지 못하고, 자신을 철저히 해부하는 것에서 시작하여 당시 발생했던 일들을 구명하지 못한다면, 언젠가 상황이 다시 바뀌는 날 나는 또다시 최면술에 걸려 아무런 까닭 없이 전혀 다른 인간이 되어버릴 것이니, 이는 참으로 두려운 일이다. (탐색집 부록: 나와 문학)

이처럼 타인과 자아를 향한 분노의 범주가 꾸준히 확대, 심화되던 시기에 자오단의 글이 발표된다.

---

20 「二十四, 懷念老舍同志」.

21 「四十, 探索之四」.

자오단의 글과 죽음은 『수상록』의 집필에 상당한 영향을 미쳤다. 바진은 80년 10월 11일부터 15일까지 연속 세 편의 글을 써 자오단을 회상하고 그의 유언이 남긴 의미와 가치를 강조하고 있다. 『수상록』 제1권에서부터 자신이 죽음을 앞둔 노인임을 언급하며 발언의 독립권을 지키려 노력했던 바진에게 "이미 두려울 게 없다"는 자오단의 말은 자기의 속내를 그대로 대변해준 것이나 마찬가지였다.

> 자오단은 우리들 마음속의 이야기를, 하고 싶어도 할 수 없었던 말을 했다. ……진실을 말하자고 제창한 건 나인데, 병상에 있던 그가 오히려 본보기를 세웠다. 나 역시 죽음을 향해 가고 있기 때문에, 십 년 대동란은 내 눈 앞에서 일체의 잔혹함과 공포의 힘을 이미 잃어버렸다.

자오단의 글은 바진에게 크게 두 가지 의미를 가진다. 첫째, 외부의 억압과 공포에 대항하기 위해 자신이 취했던 '죽음'이라는 이미지와 그 이미지를 이용한 발언의 힘이 자오단을 통해 확실하게 드러났다는 점이다. '죽음'을 앞둔 노인이 쏟아내는 분노, 즉 더 이상 잃을 것이 없는 이의 말이 가지는 파급력이 얼마나 큰지 눈으로 확인할 수 있게 된 셈이다. 이후 바진의 발언 수위가 눈에 띄게 높아진 점을 감안하면, 자오단의 영향이 상당했음을 미루어 짐작할 수 있다. 둘째, 그토록 고대하던 사상적 동지를 얻게 된 점이다. 『수상록』 집필 초기, 바진은 자신과 함께 과거와 현재의 문제를 고민할 사상적 동지가 절실했다. 차오위에게 잡다한 일은 내버려두고 작품 활동에 전념하라고 충고한 점[22] 역시 자신이 『수상록』을 쓰는 것처럼 차오위도 창작을 통해 더 깊은 사고의 범주로 들어서기를 바랐기 때문이었다. 사적으로는 많은 친구들이 찾아와 그를 격려했지만, 공식적인 매체를 통해 자신의 입장을 지지해주는 동지는 정작 찾기 힘들었다.[23] 그러던 중 자오단의 유언은 지식인들이 공식적으로 국가권력에 대한 불만을 표출할 수 있는 분위기를 마련해 주었다. 이로 말미암아 문단에 잠시 긴장이 감돌긴 했으나[24], 국가권력에 대해 문제를 제기하고 이 문제의식을 함께 공론화시킬 수 있는 동지들을 얻었다는 점은 큰 수확이었다.

자오단의 죽음을 계기로 바진은 자신의 분노를 보다 구체적으로 표현한다.

---

22 「六, '毒草病'」.

23 孫丹은 문혁 종결 후 각종 정치운동을 겪었던 당사자들 가운데 과거를 회상하고 반성한 최초의 인물로 바진을 들고 있다. 孫은 『수상록』이 출판된 이후 季羡林, 楊絳, 邵燕祥, 王元化 및 공화국과 운명을 같이했던 유명 인사들이 건국초기의 삶에 대해 회고한 글을 점차 발표하기 시작했다고 주장한다. 孫丹, 「建國初期知識分子思想改造運動研究述評」, 『當代中國史研究』 2008年 第5期 참조.

24 자오단을 지지한 지식인과 그렇지 않은 지식인들 사이에 조성된 긴장에 대해서는 張光年의 일기를 참조할 만하다. 張의 기록에 의하면, 10월 28일 개최된 원로동지좌담회에서 劉白羽는 자오단의 유언에 깊이 공감하는 글을 『文藝報』에 발표했던 陳荒煤에게 위압적인 질문을 하여 분위기를 경색시켰다. 張光年, 「文學活動日記(1980年)」, 『新文學史料』 1999年 第2期.

'사인방'은 결코 '네 명'에 그치지 않는다. 훨씬 복잡하다. 나 역시 처음부터 이를 명확히 이해한 것은 아니었고, 지금까지도 탐색 중에 있다. ……십 년의 경험을 총결할 때 나는 모든 책임을 '사인방'에게 떠넘겨서는 안 된다고 냉정하게 생각한다. 나 자신이 '사인방'의 권위를 인정하고 그들 앞에 고개 숙이며 무릎 꿇고 기꺼이 그들 마음대로 유린하도록 했었는데, 내게 책임이 없단 말인가! 다른 수많은 사람들은 책임이 없단 말인가! (탐색집 후기)

역사의 책임을 특정인이 아닌 자신을 포함한 사회구성원 전체에까지 지우는 그의 의도는 분명하다. 다수의 희생자들조차 문혁의 방조자라는 의미에서 역사적 책임으로부터 자유로울 수 없다는 사회적 인식이 보편화될 때, 가해자로서 문혁을 주도했던 대상에 대한 단죄는 확고부동해질 수밖에 없는 것이다. 바진의 분노의 범주가 넓어질수록 문혁 최종 책임자의 모습은 더욱 선명해졌다. 1982년 5월에 쓴 글에서 바진은 문혁의 책임을 '사인방'이 아닌 마오쩌둥에게 물어야 함을 암시한다.

'사인방'이 실각한 후 한 외빈과 담화를 나누었는데, 그는 어떻게 '사인방'이 그렇게 큰 '힘'을 갖게 되었는지 이해하지 못했고, 나는 시종 우물쭈물 제대로 설명하지 못했다.

……열 몇 살 때 소설 『설악전전』을 읽기 시작한 때부터 풀어야할 문제가 생겼다. 진회는 어떻게 그토록 큰 권력을 갖게 되었을까? ……현재 이 답은 이미 모든 사람들이 다 알게 되었다. 이번에 항주에서 서호의 풍경을 소개하는 프로그램을 보았는데, 해설자가 악비묘를 소개하면서 풍파옥의 죄인들을 언급할 때 진회의 앞에 송고종

의 이름이 더해졌다. 이것이 바로 정확한 답이다. (86. 생각의 방향)

문혁 발발의 최종책임자를 지목한 후 사회적 분위기의 경색과 입원 치료 등으로 인해 집필에 어려움을 겪었던 바진은, 『수상록』 마지막 권에 이르러서야 문혁에 대한 철저한 반성과 책임 추궁을 실현할 수 있는 방법을 제시한다.

바진이 처음 언급한 '문혁박물관' 설립은 아우슈비츠 수용소 방문의 기억에서 실마리를 얻었으리라 추정된다. 1950년 11월 폴란드에서 열린 세계평화수호대회에 참석하여 아우슈비츠를 방문했던 바진은 귀국 후 관련 연구 저작과 회고록을 읽고 「아우슈비츠 수용소 이야기(奧斯維辛集中營的故事)」를 발표했다.[25] 1986년 4월 한 지인과의 대화에서 처음 등장한 '문혁박물관'은 아우슈비츠 수용소와 비교 언급되고 있다.

> "……(문혁에 대한 관점의 차이가 다양함을 언급한 후—필자) 모두가 함께 총결을 해야 해. 제일 좋기로는 '박물관', '문혁 박물관'을 세우는 것이지." 나는 십 년 동안 마음속에 숨겨두었던 말을 드디어 꺼냈다.
>
> 그는 말했다. "자네가 쓴 「아우슈비츠 수용소 이야기」를 읽고 큰 충격을 받았었네. 마치 내가 그 나치 살인공장을 직접 참관한

25 1950년 11월 제2차 세계평화수호대회 참석 및 아우슈비츠 수용소 방문 관련 기록은 李存光, 『巴金評傳』, 中國社會出版社, 2006, 130-131쪽 참조. 「아우슈비츠 수용소 이야기」 집필구상과 관련된 내용은 천쓰허 지음, 노정은, 박난영 옮김, 『중국당대문학사』, 문학동네, 2008, 69-71쪽 참조.

것처럼 말이야. 나는 그렇게 생각해. 추악하고 어둡고 참혹하며 두렵고 선혈이 낭자한 것들을 다 모아 모두가 확실히 볼 수 있도록 적나라하게 전시하여 똑똑히 기억하게 해야 하네. ……" (140. 기념)

바진이 문혁박물관 설립을 강력하게 주장했던 데에는 두 가지 이유가 있었다. 하나는 문혁에 대한 철저한 진상규명이 필요하다는 점이고, 다른 하나는 이를 제대로 처리하지 않을 경우 문혁과 유사한 사건들이 재발할 것이라는 우려 때문이었다. 1983년 10월 31일자 『인민일보』에 실린 평론원의 글 「사회주의 문예의 기치를 높이 들고, 정신오염의 방지와 제거를 견지하자」로 본격화된 '정신오염 제거'운동은 이러한 우려가 현실화된 사건이었다. '사회주의 사회의 소외' 문제를 다룬 저우양의 글[26]을 비판하며 일어난 '정신오염 제거' 운동은 사상계뿐 아니라 민간에도 영향을 미쳤는데, 부대 내 군인들은 여성과 찍은 사진을 무조건 제출해야 했고, 베이징의 한 기관에서는 여성들이 긴 머리를 묶도록 다량의 고무줄을 구비해놓기도 했다.[27] 이 소동은 다행히 극으로 치닫지 않고 마무리되었지만, 당시 사상계를 향한 좌파관료들의 불만을 여실히 보여주었다. 바진은 '정신오염 제거' 운동 당시의 모습이

26 周揚이 1983년 3월 7일 中央黨校 강당에서 열린 마르크스 서거 100주년 기념 학술대회에서 발표한 「關於馬克思主義的幾個理論問題的探討」. 이 글은 일주일 후인 3월 16일 『인민일보』에 게재되었다. 顧驤, 「晩年周揚與'異化'案」, 『書摘』 2003年 第1期 참조.

27 「一四五, 文革博物館」.

문혁 초기와 매우 유사했고, 이로 미루어 보건대 중국에는 제2의 문혁이 일어날 수 있는 조건이 여전히 만연해 있다고 주장한다.[28] 바진에게 있어 '문혁박물관'은 비극의 재연을 막을 수 있는 가장 효과적인 방법이자, 자신의 분노가 감정의 차원을 넘어 현실적 대안으로 이어지고 있음을 보여주는 증거였다.

상술한 바와 같이 바진의 분노는 타자와 자아를 향해 동시다발적으로 표출되었다. 타자에 대한 분노는 린뱌오와 '사인방'이라는 특정인으로부터 시작하여 과거와 현재의 국가권력으로 확대되었고, 자아에 대한 분노는 작가 개인으로부터 시작하여 지식인, 사회구성원 전체로 넓혀졌다. 그리고 분노의 범주 확장은 중점 비난 대상의 역사적 책임을 강조하는 효과를 가져왔다. 특이할만한 점은 바진이 자신의 과거 행적에 대해 분노하며 스스로에게 책임을 묻기 시작했을 때 비로소 중국의 본질적인 문제를 발견하고, 나름의 해결책을 제시할 수 있었다는 점이다. 자신의 안위를 위해 무고한 동료의 희생에 침묵했던 지난날의 방법을 거꾸로 적용한 셈인데, 이는 인민들 가운데 여전히 활개치고 있는 중국사회의 고질병인 '노예근성'을 드러내는 데 무척 효과적이었다. 부당함과 비겁함이 숨어있는 대상을 폭로함에 있어 자타를 구분하지 않았던 그의 분노는 80년대 중국사상계에게 역사를 바라보는 새로운 안목과 지식인의 현실적 역할에 대해 진지하게 고민하는 계기를 마

28 「一四五, 文革博物館」.

련해 주었다.

샤옌—지식인 당원의 자기변호를 위한 분노

1979년 2월 『신문학사료』 제2집에는 펑쉐펑이 1966년 8월 처음 작성하고 1972년 수정한 글인 「1936년 저우양 등의 행동 및 루쉰이 '민족혁명전쟁의 대중문학' 구호를 제창한 경과」가 실렸다. 그 해 4월 펑쉐펑의 복권이 이루어졌기 때문에, 이 글은 오랫동안 문단에서 배척되어왔던 그의 위상이 회복될 것임을 알리는 신호이자, 30년대 '두 개의 구호 논쟁'과 관련된 중요한 사료로서 인식되었다. 문혁 초기 저우양과 샤옌 등을 숙청하기 위해 작성을 강요당했다는 점 때문에 글의 진실성이 의심받기도 했으나, 그 내용이 루쉰, 마오둔, 탕타오(唐弢) 등 다른 문인의 기록과 기본적으로 일치했기에,[29] 이 글은 최대한 객관적 사실을 중심으로 1936년 문단의 상황을 회고한 것으로 평가받았다.

펑쉐펑의 글이 발표된 이듬해, 샤옌은 『문학평론』 제1기에 그 유명한 「일찌감치 잊어버려야 했지만 잊을 수 없는 지난 일들('지난 일들'로 약칭)」을 발표한다. 그는 이 글에서 자신이 그토록 벗어나고자 노력했던 루쉰과 '네 명의 사내들'의 갈등이 다시 부각되는 것에 불편한 심기를 드러냈다. 문혁시기 자신과 저우양 등에게

---

29 包子衍, 「一件早已肯定而又被否定的往事」, 『文學評論』 1980年 第4期; 余開偉, 「千秋功過 自有曆史評說」, 『文學評論』 동일호; 王辛逸, 「應當公正對待馮雪峰同志」, 『瀋陽師院學報』 1980年 第3期 등 참조.

씌워졌던 죄명, 즉 왕밍 우경 기회주의의 영향을 받아 루쉰과 대립각을 세워 30년대 문단을 분열시켰다는 주장이 다시 정당성을 획득했다고 여긴 것이다. 샤옌은 펑쉐펑의 기록 중 많은 부분이 사실과 다르며 루쉰과 자신들의 불화는 당의 지시를 제대로 이행하지 않은 펑쉐펑의 부적절한 처신과 좌익문단 장악을 꿈꾸던 후펑의 이간질 때문이라고 주장한다. 또한 자신들이 '국방문학'이라는 구호를 내세운 것은 당시 코민테른의 노선에 따른 올바른 결정이었으며, 이 일과 관련하여 펑쉐펑을 비판했던 자신의 1957년 발언도 기본적으로 틀리지 않다고 밝혔다. 그의 분노는 자신을 정치 헤게모니로부터 멀어지게 만들었다고 여긴 펑쉐펑과 후펑이라는 특정 지식인에게 집중되어 표출되었다. 위카이웨이(余開偉)가 지적한 바와 같이 "린뱌오, '사인방' 무리가 의도적으로 저우양, 샤옌 등 동지를 해하려 했던 것이지, 쉐펑 동지의 자료가 이를 야기한 것이 결코 아니었"[30]음에도 불구하고 샤옌의 분노는 자기와 동일하게 국가 권력에 의해 희생당한 지식인을 향하고 있었다. 피해자가 가해자에게 책임과 보상을 요구하는 것이 아니라, 또 다른 피해자를 가해자로 지목하여 손해배상 청구를 하는 셈이었다.

「지난 일들」이 발표되자 샤옌의 주장을 반박하는 글들이 뒤를 이었다. 이들은 기억상의 착오가 있을 수는 있지만, 샤옌의 주장처럼 펑쉐펑이 사실을 일부러 날조하지 않았음을 갖가지 사료를

30 余開偉, 「千秋功過 自有曆史評說」, 『文學評論』 1980年 第4期.

내세워 증명하고,[31] 심지어 '네 명의 사내들' 중 한 명인 저우양조차 러우스이(樓適夷)에게 쓴 편지에서 펑쉐펑이 "'사인방'의 악독에 편승하여 나를 비방하고 해를 가하려 하거나 모든 잘못을 내게 미루지 않았다"고 고백했음을 지적했다.[32]

샤옌은 1981년 『문학평론』 제1기에 「「지난 일들」에 관한 약간의 설명(關於「往事」的一点說明)」이라는 짧은 글을 발표했다. 반박문들의 지적에 대한 해명이나 재반박은 없었고, 후펑분자 펑바이산(彭柏山)이 복권되었으니 「지난 일들」에서 잘못 언급한 부분, 즉 1934년 그가 국민당에 체포되어 자수했다고 한 대목을 정정한다는 내용이었다. 논쟁의 핵심을 피해가는 싱거운 정정글로 보이지만, 이 글을 통해 샤옌의 사고가 무엇을 기준으로 삼고 있는지를 확실히 짐작할 수 있다. 당에서 반동으로 지목한 인물은 관련 자료를 찾아 사실 여부를 확인할 필요 없이 마음껏 비난해도 상관없지만, 당에서 그의 누명을 벗겨준다면, 그리고 그것이 공산당원인 자신의 명예와 직접적인 관련이 없다면, 과거의 발언은 얼마든지 시정가능하다는 것이다.[33] 이처럼 당의 결정은 샤옌에게 사상의

31 包子衍, 「一件早已肯定而又被否定的往事」, 『文學評論』 1980年 第4期.

32 王辛逸, 「應當公正對待馮雪峰同志」, 『瀋陽師院學報』 1980年 第3期.

33 샤옌은 「「지난 일들」에 관한 약간의 설명」에서 다음과 같이 기술하고 있다. "1978년 병으로 입원했을 때 『신문학사료』에서 펑쉐펑 동지의 글을 보고 잠시 격동하여 「지난 일들」을 쓰게 되었다. (자신이 이해하고 있는 펑바이산 문제를 간략하게 언급한 후—필자)……당시 병원에 있었기 때문에 관련 자료를 찾아볼 수 없었고, 더 중요하게는 1956년 상하이시위원회가 바이산 동지에게 내린 결정이 오판이었음을 알지 못했다. ……바이산 동지의 추도

방향과 범위를 정해주는 중요한 기준이었다.

샤옌의 역사 회고 역시 당의 울타리 안에서 이루어지고 있다. 그를 위시한 혁명 지식인들의 사상과 행동은 당의 결정을 동인(動因)으로 삼는다. 그는 세부적인 부분에서 문제가 발생하긴 했으나, 큰 틀에서 봤을 때 자신들이 당의 원칙을 상당히 엄격하게 준수했다고 간주한다. 그렇기 때문에 과거의 잘못에 대해 언급할 때 자신의 책임을 인정하긴 하지만, 일개 당원이 당의 결정을 거스를 수는 없으며, 한 개인이 역사의 큰 흐름을 거스를 수는 없다고 주장한다.

> 내가 쓴 글 대부분이 정치에 협조하고 정치를 위해 복무한 것이다. 문예는 정치를 위해 복무한다는 구호는 오랜 시간의 실천과 검증을 거쳐 완전하지 못할 뿐 아니라 선명한 좌경사조의 낙인이 찍혀있음이 증명되었다. 하지만 나는 이 글들을 다시 읽으면서 결코 후회하지 않고 수정을 가하고 싶은 생각도 없다. 왜냐하면 누구든지 특정 시대와 환경 속에서 역사, 사회적 조건의 영향과 제약을 받지 않을 수 없기 때문이다.[34]

그의 주장은 개인의 존재와 역할에 대해 많은 질문을 던지게 한

회가 열린다는 통지문에서 그의 역사 문제가 이미 철저히 조사되고 누명이 벗겨졌음을 알았기에 다른 사람을 통해 화환을 보냈고 아울러 쓰촨인민출판사(四川人民出版社)에서 곧 인쇄에 들어갈 『샤옌 근작(近作)』에서 「지난 일들」을 제외시켰다."

34 夏衍, 「『夏衍論創作』 自序」, 『夏衍論創作』, 上海文藝出版社, 1982.

다. “자신이 속한 역사와 사회적 환경을 초월할 수 있는 개인은 없다”는 명제가 우리가 직면한 문제들에 대한 해답이 될 수 있을까? 시대가 바뀌어 과거의 착오를 시정해야 할 때, 모든 책임을 환경이나 정치권력의 탓으로만 돌리는 것이 과연 타당한가? 사회의 구성원으로서 개인의 역사적 책임은 과연 어디까지인가? 바진이 국가권력을 비판함과 동시에 국가를 구성하는 한 사람 한 사람의 책임과 참회를 주장하여 사회공동체의 근본적인 변화를 꾀했던 것과 달리, 샤옌은 ‘역사’와 ‘권력’이라는 거대한 존재의 뒤에 숨어 개인의 잘못을 무마시키는 듯한 인상을 남기고 있다.

샤옌이 개인의 역사적 책임에 대해 이처럼 관대한 이유는 자신을 위시한 지식인 당원들이 혁명을 위해 모든 것을 바쳤다는 자부심 때문이다. 그에게 있어 지식인 당원들은 당의 명령에 복종하고 헌신하여 무산계급 혁명의 성공을 이끈 개국공신이다. 그런 자신들에게 돌아온 보답이 ‘문혁’이라는 참담한 박해임을 생각할 때, 개인의 역사적 책임이나 참회를 운운하고 싶지 않은 것이다. 회고록 『게으르게 옛 꿈을 찾다(‘게으르게’로 약칭)』는 이러한 사고가 선명하게 드러나는 작품이다.

펑쉐펑의 글과 관련된 논쟁을 거친 후, 샤옌은 체계적으로 인생을 정리할 필요를 느낀 듯하다. 「지난 일들」처럼 누군가의 글을 가지고 시시비비를 따지는 것보다 객관적인 자료들을 수집하여 자신의 인생 역정과 가치관을 총체적으로 보여주는 것이 낫다고 여긴 것이다. 1982년 늦봄에 집필을 시작하여 2년 반에 걸쳐 완성한 회고록 『게으르게』는 총 일곱 장과 두 개의 부록으로 이루어져 있다. 그 중 제4, 5장은 '좌익 십년'으로 2, 30년대 진보문단을 중심으로 일어난 여러 논쟁들의 전말을 다루고 있으며, 제6장 '기자 생활'은 1949년 이전 당의 통일전선공작의 일원으로 활동했던 시기에 대해 기록하고 있고, 마지막 7장은 공산화 이후의 삶에 대한 내용을 담고 있다. 이처럼 회고록의 대부분이 당원으로서 살아온 자신과 동료들에 대한 기록이다. 그리고 그 기록의 주제는 시종일관 하나로 귀결되는데, 바로 지식인 당원에 대한 변호이다. 이 주제의식은 특히 무산계급 혁명의 성공과 신중국 성립을 위해 바친 자신들의 희생에 대한 부단한 강조를 통해 독자들에게 전달된다. 샤옌이 기자로 활동하던 40년대, 끊임없는 자금난에 시달리던 좌익 언론사를 유지하기 위해 혁명 지식인들이 자발적으로 보여준 희생정신은 그 좋은 예이다.

> 당시 신문사(『구망일보(救亡日報)』) 전체 인원은 십 여 명뿐이었는데, 일률적으로 봉급을 받지 않기로 약속했고, 원고료도 수령하지 않았으며, 심지어 공무를 처리하러 신문사로 오는 교통비조차도 자비로 부담했다. 우리가 의지했던 것은 당시 '상하이 문예계 구국회'에 참여하고 있었던 절대다수의 진보 문화공작자들이었다.[35]
>
> 당시 어떤 이들은 우리 신문사가 '원시 공산주의'를 시행하고 있다고 말했다. 외지에서 온 사람은 묵을 곳이 없으면 '거실' 바닥에서 잤고, 식사시간이 되면 다 같이 밥을 먹었다. 물론 이들 문예공작자

35 夏衍, 『懶尋舊夢錄』, 三聯書店, 1985, 401쪽.

> 들은 『구망일보』에 글을 써줬고 우리를 도와 여기저기 일을 봐주러 다니기도 했으며 역시 일률적으로 보수를 받지 않았다. 이런 상황이 1941년 봄 신문사가 폐쇄될 때까지 지속되었는데 모두들 갈등이 없었을 뿐 아니라 40년이 지난 오늘 그때를 회상하더라도 그 시기의 작업과 심정은 매우 통쾌했다고들 생각한다.
>
> ……이 작은 간행물(1946년 상하이에서 펴낸 『소식(消息)』) 역시 『구망일보』처럼 기고자가 원고료를 받아가지 않았다. 다만 판로가 좋았기 때문에 일주일에 한 번 푸짐한 점심을 먹을 수 있었다.[36]

샤옌이 혁명 지식인들의 희생과 공헌에 대해 이처럼 강조하는 이유는 신중국 성립 이후 이들에게 가해졌던 부당한 대우와 선명한 대조를 이루고자 함이다. 무산계급 혁명을 유일한 구국의 길로 인식하고 자신의 모든 것을 걸었던 진보 지식인들에게 당이 남겨준 것은 무엇인가를 되묻고 있는 것이다. 샤옌은 이 문제를 언급할 때 비로소 당과 자신을 분리시켜 바라본다.

> 상하이 해방 직후 나는 처음으로 우리 간부들의 지식수준이 아주 낮거나 상식이 부족함을 발견하고, ……선전부와 문화부의 일급 간부(구위원회는 포함하지 않았다)들을 대상으로 상식테스트를 시행하자고 주장했는데, ……나중에 화동국에서 정풍을 시행할 때 어떤 이가 말하길 내가 한 '테스트'는 '지식인 티를 내는 것이자 노농간부의 위풍을 손상하는 것'이라고 했다. 나는 당연히 굴복하지 않았지만 당시 상황 하에서는 해명하기가 힘들어서 그저 "방법상에 문제

36 『懶尋舊夢錄』, 564쪽.

> 가 있었다"고 승인할 수밖에 없었다.[37]
>
> 지식인을 무시하고 경멸하며 심지어 신뢰하지 않는 사상과 작풍이 우리 당내에 깊이, 오랫동안, 아주 복잡한 유전자처럼 존재해왔지만, 민주적 개인주의를 비판하는 이 사상투쟁은 도를 넘는 것이어서, 이 점에 대해 나 역시 느끼는 바나 반성이 없지 않았다.[38]

그의 비판은 시종일관 잘못된 정책으로 비극을 초래한 당을 향하고 있다. 당의 충실한 지지자였으나 당으로부터 버림받은 지식인 당원의 입장에 섰을 때에야 비로소 진정한 가해자인 국가권력에 대한 분노를 드러내는 것이다. 그러나 기본적으로 국가이데올로기의 울타리에 국한된 그의 분노는 보다 진일보한 분노로 발전하지 못한다. 당의 지시에 절대 복종해야 하는 당원이라는 정체성은 공산당 이데올로기를 넘어서는 역사인식의 형성을 방해하기 때문이다. 또한 당의 그늘 속에 숨어 개인의 사회적 책임을 도외시하는 태도는, 지식인 당원을 위한 적극적인 변호와 당을 향한 분노에도 불구하고 국가권력의 역사적 책임을 퇴색시키는 역효과를 가져오고 있다. 국가권력, 사회공동체, 역사적 환경이 한 명 한 명의 개인이 모여 이루어진 것이라고 한다면, 각 개인들이 져야할 사회적 책임을 외면할 때 국가 권력 등의 책임 역시 경감될 수밖에 없기 때문이다.

---

37 『懶尋舊夢錄』, 617-619쪽.

38 『懶尋舊夢錄』, 617쪽.

나오며

이상 1980년대 세 명의 원로지식인들의 글을 통해 역사와 현실에 대한 이들의 분노가 어떻게 표출되었는지 살펴보았다. 자오단은 죽음에 이르러 자신의 분노를 가감 없이 드러냄으로 많은 지식인들의 공감을 이끌어냈고, 바진은 타자와 자아를 넘나드는 비판과 분노를 통해 철저한 역사 반성의 중요성을 강조하며 비판적 지식인의 전통을 이어가려고 노력했다. 공산 이데올로기의 범주 속에 머물렀던 샤옌의 사고는 그의 분노가 또 다른 지식인 희생자를 향하도록 하거나, 지식인 당원에게 행해진 부당한 대우를 폭로하도록 했다. 자오단의 분노는 강렬했으나 더 이상 앞으로 나아갈 기회를 가질 수 없었으며, 지식인 당원을 위한 샤옌의 분노는 타당했으나 개인의 역사적 책임 회피라는 약점으로 인해 자기합리화의 틀 속에 갇혀버리고 만다. 이에 반해 『수상록』을 통해 드러난 바진의 분노는 범주의 확장은 물론 깊이의 심화까지 꾸준히 이루고 있다. 이는 그가 과거와 현재를 연결하여 바라보며 사회의 본질적 병폐에 대해 고민하기를 포기하지 않았기 때문이다. 현실의 부당함을 현재적 관점에서만 비판하지 않고, 그 부당함의 본질에 대해 탐색하며 구체적인 대안을 제시하는 것은 역사를 이해하는 깊이 있는 안목과 지식인의 역할에 대해 고민하는 양심이 병존할 때에야 가능하다.

1980년대가 지식인들에게 비교적 자유로운 발언의 기회를 제공했으나, 이들의 발언이 큰 틀에서 국가의 통제를 벗어날 수 없었던 것도 사실이다. 자오단은 병세가 위중했던 1980년 10월 초, 당시 사상문화 분야를 책임지고 있었던 중앙서기처 서기 후챠오무에게 면담을 신청하여 문예정책에 대한 자신의 불만을 털어놓았다. 자오단의 발언은 후챠오무의 승인 하에 며칠 후 「너무 구체적으로」라는 제목으로 『인민일보』에 실렸다.[39] 『수상록』의 과거 반성과 참회 역시 이미 복권이 이루어진 인물과 사건을 대상으로 하고 있다. 또한 '정신오염 제거'운동 같은 민감한 이슈에 대해서는 관방에 의해 사건이 정리된 후에야 자신의 입장을 밝히는 등 상당히 신중한 모습을 보이고 있다. 이 점을 바진의 한계로 지목하며 신랄한 비판을 가하는 사람들도 있지만,[40] 중요한 점은 문혁 이후 많은 사람들이 사회적 부당함에 대해 언급하는 것조차 두려워했던 분위기 속에서 바진처럼 영향력이 큰 원로지식인들이 입을 열어 사상해방운동에 적극 동참했다는 점이다. 국가권력이 또다시 어떤 공포를 야기할지 예측할 수 없는 상황에서 대중의 이목을 끌기 쉬운 유명 원로지식인들이 진실을 말하기 위해 품었을 용기가 어느 정도인지 상상하기란 쉽지 않다. 그런 점에서 그들의 한계를 인정함과 동시에 그 용기와 업적을 폄훼하지 않는 태도가

39 李楊, 「趙丹遺言」, 『中國新聞周刊』 2008年 第35期, 74쪽 참조.

40 류샤오보(劉曉波)는 「권력 앞에 백기를 든 바진」이라는 글에서 바진이 80년대에는 당국의 허락 범위 내에서만 진실을 말했고, 1989년 천안문 민주화 운동 이후에는 침묵함으로써 권력에 이용당하여 여생을 보냈다고 비난한다. 류샤오보 지음, 김지은 옮김, 『류샤오보 중국을 말하다』, 지식갤러리, 2011, 205-209쪽 참조.

필요하다. “자신이 속한 역사와 사회적 환경을 초월할 수 있는 개인은 없다”는 명제가 개인의 역사적 책임 방기의 이유가 될 수는 없지만, 각각의 시대에서 개인이 감당해야할 역할은 모두 다르기 때문에 80년대를 살았던 원로지식인에게 젊은 세대의 잣대, 혹은 21세기적 기준을 무작정 적용할 수는 없는 일이다.

분노의 대상을 정확히 인식하고, 그 부당함에 대해 당당하게 맞서는 것, 즉 올바른 분노 표출의 방법을 배우는 것은 한 개인이 인간으로서의 존엄을 지키며 살 수 있는 길이자, 한 사회가 전체주의로 기우는 것을 막을 수 있는 방법이기도 하다. 이러한 점에서 자오단, 바진, 샤옌의 글에 나타난 분노 표출 양상을 살펴봄은 상당한 의미가 있다 할 것이다. 그러나 가장 중요한 것은, 각자의 방식으로 사회적 부당함에 분노를 표출했던 이들의 경험을 발판삼아 우리 시대에 필요한 분노는 무엇이며 어떤 방식으로 드러나야 하는가에 대해 고민하고 실천하는 것이다.

참고문헌

김경호, 「봉기의 동력에 대한 철학적 성찰—이상사회와 유토피아를 향한 분노와 분투」, 『감성연구』 제7집, 2013년.

박난영, 『혁명과 문학의 경계에 선 아나키스트 바진』, 한울아카데미, 2006년.

박민호, 「1980년대 초 중국의 '소설 현대화' 논의와 그 한계」, 『중국현대문학』 제80호.

류샤오보 지음, 김지은 옮김, 『류샤오보 중국을 말하다』, 지식갤러리, 2011년.

류원빙 지음, 홍지영 옮김, 『중국 영화의 열광적 황금기』, 산지니, 2015년.

샤오메이 천 지음, 정진배·김경아 옮김, 『옥시덴탈리즘』, 2001년.

스테판 에셀 지음, 임희근 옮김, 『분노하라』, 돌베개, 2011년.

쉬지린 편저, 김경남 · 박영순 등 옮김, 『20세기 중국의 지식인을 말하다』 2, 도서출판 길, 2011년.

이창휘·박민희 엮음, 『중국을 인터뷰하다』, 창비, 2013년.

조너선 D. 스펜서 지음, 김희교 옮김, 『현대중국을 찾아서』 2, 이산, 1998년.

죠지 우드코크, 『아나키즘—자유인의 사상과 운동의 역사(운동편)』, 형설출판사, 1989년.

천쓰허 지음, 노정은, 박난영 옮김, 『중국당대문학사』, 문학동네, 2008년.

천이난(陳益男) 지음, 장윤미 옮김, 『문화대혁명, 또 다른 기억』, 그린비, 2008년.

표트르 크로포트킨 지음, 김유곤 옮김, 『크로프트킨 자서전』, 우물이 있는

집, 2014년.
한사오궁 지음, 백지운 옮김, 『혁명후/기』, 글항아리, 2016년.

巴金, 『生之懺悔』, 商務印書館, 中華民國 25年.
____, 『巴金近作』, 四川人民出版社, 1978年.
____, 『隨想錄第一集』, 人民文學出版社, 1980年.
____, 『探索集』, 人民文學出版社, 1981年.
____, 『眞話集』, 人民文學出版社, 1983年.
____, 『病中集』, 人民文學出版社, 1984年.
____, 『無題集』, 人民文學出版社, 1986年.
____, 『巴金全集』 第20卷, 人民文學出版社, 1993年.
____, 『再思錄』, 上海遠東出版社, 1995年.
____, 『巴金七十年文選』, 上海文藝出版社, 1996年.
「保證創作自由寫入作協新章程」, 『人民日報』 1986年 2月 20日.
包子衍, 「一件早已肯定而又被否定的往事」, 『文學評論』, 1980年 第4期.
北京師範大學中文系巴金創作研究小組, 『巴金創作評論』, 人民文學出版社, 1958年.
北京市文聯研究部, 『爭鳴作品選編』 第1輯, 1981年.
陳開壘, 『巴金傳』 續卷, 上海文藝出版社, 1994年.
陳淸泉, 「趙丹遺言眞相及其他」, 『世紀』, 2012年 第5期.
陳思和, 『巴金研究的回顧與瞻望』, 天津教育出版社, 1991年.
______, 『人格的發展 — 巴金傳』, 上海人民出版社, 1992年.
______, 『黑水齋漫筆』, 四川人民出版社, 1997年.
______, 『筆走龍蛇』, 山東友誼出版社, 1997年.
陳早春·萬家驥, 『馮雪峰評傳』, 重慶出版社, 1993年.
鄧小平, 『鄧小平文選』 第2卷, 人民出版社, 1994年.
馮雪峰, 「有關一九三六年周揚等人的行動以及魯迅提出'民族革命戰爭的大衆文學'口号的經過」, 『新文學史料』, 1979年 第2期.
豊子愷, 『豊子愷文集』 第六卷, 浙江文藝出版社·浙江教育出版社, 1992年.

______,『豊子愷自傳』, 江蘇文藝出版社, 1996年.
「高擧社會主義文藝旗幟, 堅持防止和淸除精神汚染」,『人民日報』 1983年 10月 31日.
顧驤,「晩年周揚與'異化'案」,『書摘』, 2003年 第1期.
郭德宏等主編,『中華人民共和國專題史稿』 第4卷(改革風雲), 四川人民出版社, 2009年.
韓彬,『現代中國作家自傳硏究』, 山東師范大學博士論文, 2013年 5月.
黑子,「趙丹生命的最后時刻」,『章回小說』, 2001年 第1期.
洪子誠,『中國當代文學史』, 北京大學出版社, 1999年.
胡景敏,『巴金『隨想錄』硏究』, 復旦大學出版社, 2010年.
胡愈之,「我的回憶」,『胡愈之文集』第6卷, 生活·讀書·新知三聯書店, 1996年.
黃宗英,「關于趙丹 — 黃宗英致李輝書簡4封」,『北京紀事』, 2004年 第9期.
賈植芳等編,『巴金寫作生涯』, 百花文藝出版社, 1984年.
解放軍政治學院資料室 · 解放軍報編輯部編寫,『「關於建國以來黨的若干歷史問題的決議」名詞解釋』, 長征出版社, 1981年.
柯靈,「悼趙丹」,『柯靈散文選集』, 百花文藝出版社, 1993年.
李存光,『巴金評傳』, 中國社會出版社, 2006年.
______ 編,『巴金硏究資料』 上, 海峽文藝出版社, 1985年.
李何林,「爲魯迅馮雪峰答辯 — 讀夏衍『懶尋旧夢錄』」,『魯迅硏究動態』, 1986年 第7期.
李輝,「趙丹和他的獄中交代」,『江南都市報』, 2003年 10月 20日.
____,『文壇悲劇』, 花城出版社, 1998年.
____,『風雨中的雕像』, 山東畵報出版社, 1997年.
李濟生編,『鷹之歌』, 珠海出版社, 1997年.
李劍,「"歌德"與"缺德"」,『河北文藝』 1979年 6月.
李楊,「趙丹遺言」,『中國新聞周刊』, 2008年 第35期.
魯迅,「答徐懋庸并關於抗日統一戰線問題」,『魯迅全集』 第6卷, 人民文學出版社, 1991年.
錢理群,「新的小說的誕生」,『文藝理論硏究』 1997年 第1期.

山口守, 「凡宰特致本社黑浪同志信」, 「1927年7月23日「凡宰特致巴金的信」」, 『中國現代文學研究叢書』 1996年 第2期.
上海巴金文學硏究會 編, 『細讀隨想錄』, 上海社會科學院出版社, 2008年.
「上海處決强奸流氓犯陳小蒙胡曉陽葛文志」, 『人民日報』 1986年 2月 20日.
「四化需要强有力的思想政治工作」, 『人民日報』 1979年 4月 9日.
蘇曉康, 『自由備忘錄: 蘇曉康報告文學精選』, 香港三聯書店, 1989年.
孫丹, 「建國初期知識分子思想改造運動硏究述評」, 『当代中國史硏究』 2008年 第5期.
王國英, 『權力·話語 · 政治文化—夏衍話語實踐硏究』, 浙江大學博士論文, 2008年 4月.
王蒙, 「社會主義文學的黃金時代到來了」, 『人民日報』 1985年 1月 6日.
王西彦, 『煉獄中的聖火』, 人民文學出版社, 1982年.
______, 『焚心煮骨的日子』, 香港崑崙制作公司, 1991年.
王辛逸, 「應当公正對待馮雪峰同志」, 『沈陽師院學報』, 1980年 第3期.
吳朗西, 「文化生活出版社的資金來源」, 『新文學史料』 1982年 第3期.
夏衍, 「一些早該忘却而未能忘却的往事」, 『文學評論』, 1980年 第1期.
____, 「關于「往事」的一点說明」, 『文學評論』, 1981年 第1期.
____, 『夏衍論創作』, 上海文藝出版社, 1982年.
____, 『懶尋旧夢彔』, 三聯書店, 1985年.
新華社北京11月5日電 「周揚同志對新華社記者發表談話 擁護整黨決定和淸除精神汚染的決策」, 『人民日報』 1983年 11月 6日.
楊楊編, 『中國新文學大系 1976-2000·史料索引卷一』, 上海文藝出版社, 2009年.
楊苡, 『雪泥集(巴金致楊苡書簡劫余全編)』, 上海遠東出版社, 2010年.
余開偉, 「千秋功過 自有歷史評說」, 『文學評論』, 1980年 第4期.
張光年, 「文學活動日記(1980年)」, 『新文學史料』, 1999年 第2期.
張建安, 「趙丹最后的日子」, 『文史精華』, 2006年 第7期.
趙丹, 「管得太具體, 文藝沒希望」, 『人民日報』, 1980年 10月 8日.
「爭議是如何引發的 — 『假如我是眞的』臺前幕後」, 『南方週末』 2008年 12月 11日.

中共中央文獻硏究室編,『三中全會以來重要文獻選集』下, 人民出版社, 1982年.
中國當代文學硏究資料編委會,『巴金專集』第一冊, 江蘇人民出版社, 1981年.
周立民,『巴金『隨想錄』論稿』, 復旦大學出版社, 2011年.
周揚,「文藝戰線上的一場大辯論」,『新文學大系 1949-1979』第19集, 上海文藝出版社, 1997年.
____,「關於馬克思主義的幾個理論問題的探討」,『周揚文集』第5卷, 人民文學出版社, 1994年.
「遵照華主席爲首的中央決定全國全部摘掉右派分子帽子」,『人民日報』1978年11月 17日.
[美]R.麥克法夸爾, 費正淸編,『劍橋中華人民共和國史』, 中國社會科學出版社, 1994年.

제2부

『장생탑』, 『휴식의 정원』, 『차가운 밤』 소론

우언과 상징으로 빚은 현실 : 바진 동화집 『장생탑』의 구조와 주제 분석

『휴식의 정원』 : 이상과 그리움의 만남

『차가운 밤』 등장인물 유형에 관한 짧은 고찰

우언과 상징으로 빚은 현실
: 바진 동화집 『장생탑』의 구조와 주제 분석

들어가는 말

우화, 동화의 주요 특징은 무엇일까? 작가가 고려한 특정 연령층의 독자, 상상과 비유의 서사방식, 비현실적인 줄거리와 등장인물, 어린 독자들이 기억해야 할 교훈적인 주제……, 구체적인 창작방식과 내용 면에서는 차이가 있겠지만, 대부분의 동화는 위의 특징들 가운데 한두 가지 이상은 포함하고 있을 것이다. 60여년의 창작생애 중, 바진은 모두 네 편의 동화를 썼다. 모두 30년대 중후반에 쓴 작품이나, 70년대 말 작가 스스로 천명하기를 30년대의 일을 지금의 아이들은 이해하기 어려울 것이며, 작품 자체도 "사람들의 주의를 끌지 못했었다"고 고백하는 등, 작품 자체에 후한 점수를 주진 않았다.[1] 1937년 출판된 동화집 『장생탑(長生塔)』뿐 아니라, 바진은 자신의 작품에 대해 전반적으로 높은 평가를 하지 않는 작가로 유명하다. 『격류 삼부곡』등의 대표작들이 "쓰지 않은 것과 같은 작품들은 아니지만", 80년대 독자들 사이에 인기몰이를 하는 현상에 대해 "자랑스러워할 만한 일은 아니다"라고 말하기도 했다.[2]

바진이 운영했던 문화생활출판사에서 출판된 『장생탑』은 1937년부터 1948년 10월까지 모두 8판까지 인쇄됐고, 1954년 평명(平明)출판사에서 재판되었다. 1955년에는 다시 상하이 신문예출판사로 옮겨 재판되었는데, 같은 해 11월까지 모두 3판이 인쇄되었다. 출판횟수로 볼 때, 『장생탑』이 독자의 관심을 전혀 받지 못한 것은 아니었다. 그러나 평론계의 반응을 살펴보면, 바진이 말한 "사람들의 주의를 끌지 못했었다"는 말이 전혀 근거 없는 것도 아님을 알 수 있다. 30년대 평론계에서는 물론, 문혁이후의 연구에서도 유독 이 작품에 대한 평가가 인색하다 싶을 정도로 관련 논문을 찾아보기 힘들다.[3] 이 같은 현상의 원인은 무엇일까? 필자는 다음 몇 가지 사실을 지목하고 싶다.

첫째, 바진은 장편소설 창작으로 명성이 높은 작가라는 점이다. 지금까지도 바진에 대한 연구는 1949년 이전의 작품, 특히 『격류 삼부곡』, 『애정 삼부곡』, 『항전 삼부곡』과 같은 장편소설에 집중

1 「關於『長生塔』」, 『巴金全集』 第20卷, 人民文學出版社, 1993, 587쪽.

2 「關於『激流』」, 『巴金全集』 第20卷, 人民文學出版社, 1993, 687-688쪽.

3 중국 내 논문검색 사이트 www.cnki.net을 통해 검색한 논문 가운데 '바진동화'를 주요 연구대상으로 삼은 논문은 총 7건이었다. (1979년~2018년 현재)

되어 있다.[4] 『장생탑』처럼 편폭이 짧은 단편집들은 다양한 인물과 사건들이 등장하는 장편소설에 밀려 연구자들의 눈길을 사로잡지 못한 것으로 보인다.

둘째, 『장생탑』 창작 당시의 정치적 상황이 평론가에게 적잖은 부담감을 안겨줬다는 점이다. 『장생탑』은 바진이 판금조치를 당한 이후 쓴 소설로 30년대 국민당 정부의 검열을 피하고자 하는 장치들이 작품 곳곳에 내재되어 있다. 위와 같은 상황 속에서 『장생탑』이 내포하는 사상적, 정치적 의미와 상징을 그대로 읽어내는 평론이나 연구논문의 발표는 작품에 대한 제대로 된 평가 이전에 작가에게 커다란 위험으로 작용했을 것이 분명하다. 사려 깊은 평론가라면 작가에게 불필요한 위험을 초래하는 글쓰기는 당연히 피했을 것이다.

셋째, 문혁 이후 연구의 미비함은 몇몇 연구자들의 작가에 대한 이해 부족에서 기인하고 있다. 1977년, 창작활동을 재개한 바진은 여느 작가들과 마찬가지로 조심스러운 태도로 독자들과 소통하기 시작한다. 정권이 인정한 범위 내에서 과거사와 주변 인물들에 대한 재평가를 기록했던 노년의 창작 특징은 『수상록』에서 잘 드러난다. 공산정권이 반우파로 비판당한 인물들을 복권시키면, 그때야 비로소 반우파 투쟁의 희생양이 되었던 인물들에 대한

4 1977년부터 1989년까지 『격류 삼부곡』에 대한 소개, 평론, 연구 자료만 300여 편에 달한다. 자세한 내용은 李存光編著, 『『家』『春』『秋』板本圖錄硏究索引』, 香港文藝出版社, 2008 참조.

자신의 생각을 토로하고, 후평분자들이 차례로 복권될 때마다 그들과 연관된 역사적 사실에 대해 이야기하는 식이다. 그런가 하면, 1983년 '정신오염 제거'운동이 전개됐을 때는 관련 글을 몇 편 발표하기도 했지만, 당시 온 사상계를 떠들썩하게 만든 '인도주의', '소외', '서방 현대파' 등의 문제에 대해선 침묵을 지키며 대신 유년기를 회상하거나 병중의 심리상태에 대해 이야기하기도 했다. 마음속에 담고 있는 생각을 100% 글로 표현하지 않거나 일부분의 사실로 전체를 얼버무리는 식의 서술 특징을 파악하는 것은 바진 후기 작품을 이해하는 데에 필수적인 부분이다. 즉, 문혁 이후 중국사회의 특수한 상황과 이에 대한 작가 특유의 반응을 이해하지 못한다면 『장생탑』에 대한 작가의 회고 역시 잘못 이해할 수 있다는 뜻이다. 1978년 이후 발표된 『장생탑』에 대한 논문의 대부분은 아동문학이라는 범주 속에서 작품을 논하고 있다. 이는 몇몇 연구자들이 바진의 『장생탑』이 취한 동화라는 형식에 집중한 나머지, 작가의 창작의도를 충분히 파악하지 못한 데서 기인한 결과이며 1979년 발표된 『창작 회고록』에 실린 글의 의도를 다각도로 읽지 못한 결과이기도 하다. 문제는 작가의 창작의도와 회고에 대한 연구자의 부분적 이해가 작품 전체의 의미와 문학성을 축소시킬 수 있다는 점이다.

바진이 특정연령층을 고려하지 않은 동화를 쓰게 된 이유는 무엇인지, 그 이야기들을 통해 들려주고 싶었던 자신의 생각은 무엇이었는지, 그리고 어떤 서술구조를 이용하여 네 편의 이야기들을 담고 있는지 살펴보는 것은 위에서 지적한 기존 연구의 오류를 극복하고 『장생탑』이 담고 있는 상징성을 진지하게 찾아볼 수 있는 의미 있는 시도라 여겨진다.

『장생탑』의 서술자와 구조의 특징

동화집 『장생탑』에 실려 있는 네 편의 이야기는 각각 독립적이면서도 서로 연관되어 있는 액자소설의 형식을 취하고 있다. 네 편의 간략한 줄거리는 다음과 같다.

첫 번째 이야기 「장생탑」은 장생불로를 위해 천민들을 징용하여 장생탑을 쌓게 한 어리석고 잔인한 황제에 대해 묘사하고 있다. 황제가 천민들의 원성과 피로 만들어진 탑 꼭대기에 올라갔을 때, 장생탑은 갑자기 붕괴되고 황제는 탑과 함께 지상에서 사라져 버린다.

두 번째 이야기 「탑의 비밀(塔的秘密)」은 전편의 주요 소재였던 장생탑을 동일 소재로 삼고 있으며, 장생탑의 이야기를 들은 한 남자아이가 꿈속에서 탑에 들어가 겪은 일들을 소개하고 있다. 주인공은 탑 안에서 황제의 음란하고 사치스러운 생활과 민중의 비참한 현실을 목격한다. 그는 탑 속에 갇힌 아버지와의 만남을 통해 장생탑을 무너뜨릴 수 있는 비밀이 바로 자신의 뱃속에 있음을 알고, 서슴없이 자신을 희생하는데, 아버지의 칼이 자신의 몸을 찌르는 순간 꿈에서 깨어난다.

세 번째 이야기인 「은신주(隱身珠)」의 주인공 역시 평범한 남자아이다. 가뭄으로 집집마다 먹을거리가 없어 고통당하던 어느 해, 마을사람들에게 행해지는 관리들의 횡포는 날이 갈수록 심해진다. 마을의 서당 훈장으로 근근이 끼니를 잇던 아이의 아버지는 은신주를 가지고 있다는 억울한 누명을 쓰고 관아로 잡혀가 죽임을 당한다. 관리들이 주인공의 집에 쳐들어와 은신주를 찾고 있을 때, 우연히 이를 발견한 아이는 발각되지 않으려고 은신주를 삼켜 버리고 만다. 은신주를 삼킨 아이는 말할 수 없는 갈증을 느끼며 끊임없이 물을 들이키고, 결국 용으로 변하여 마을 사람들과 아버지의 원수를 갚기 위해 관아가 있는 도시로 향한다.

네 번째 이야기 「말하는 나무(能言樹)」에는 마음씨 착하고 용감한 남매가 주인공으로 등장하고 있다. 오빠는 곤경에 빠져 있는 억울한 사람들을 도왔다는 이유로 고문을 당하고 두 눈을 잃게 된다. 잡혀간 오빠를 찾아 나선 여동생은 가로수 아래에서 울부짖고 있는 오빠를 만나고, 그와 함께 "자신의 행복을 타인의 고통 위에 세우지 않는" 정의의 길을 가기로 결심한다. 이들의 진정어린 마음과 기도는 평범한 가로수 한 그루를 감동시키고, 나무는 자신도 알 수 없는 능력을 발휘하여 인간의 언어로 남매가 새로운 출발을 할 수 있도록 격려한다. 네 편의 동화 속 주인공, 배경, 줄거리는 모두 다르지만, 공통점도 적지 않다. 그 중 이야기의 서술자와 서술방식은 네 편의 이야기를 관통하는 주요한 공통점이라 할 수 있다.

위에 간략하게 소개한 네 가지 이야기의 서술자는 '나'의 '아버지'이다. '나'는 십 여세의 소년으로 주위의 모든 일에 호기심을 보이며 아버지가 이야기를 하는 중에도 불쑥불쑥 끼어드는 활발하고 귀여운 아이다. '나'라는 캐릭터는 주위에서 쉽게 볼 수 있는 평범한 소년이며, '아버지'는 이야기를 재밌게 할 수 있는 점을 제외하곤 여느 부모들과 다를 바 없는 중년남성이다. 그는 '나'를 매우 사랑하며, 항상 자애로운 눈길로 '나'를 바라본다. 바진은 왜 이 두 평범한 인물들을 이야기의 서술자로 등장시키고 있을까? 그 이유를 두 가지 측면에서 추측해 본다. 첫 번째, 동화, 우화는 그 자체가 다른 사람에게 구두로 들려주는 형식에서 발전해 온 장르이다. 바진은 생생하게 들려주는 이야기, 즉 동화의 원시형태라 할 수 있는 민간의 구두서술방식을 재현하기 위해 아버지가 아들에게 이야기를 들려주는 형식을 채택한 것으로 보인다. 두 번째, 바진은 '아버지'와 '나'의 대화를 통해 현실세계에 대한 작가 자신의 이해와 자신이 추구해 온 무정부주의 신앙을 보다 쉽게 설명하려 했던 것 같다. 1930년대 국민당 정권 하의 정치적 억압에 대한 비판과 온 인류의 '평등', '자유'를 주장했던 무정부주의 사상 고취는 그 자체로 매우 딱딱하고 엄숙한 주제임이 틀림없다. 이 무거운 주제들이 보다 용이하게 받아들여지도록 작가가 완곡하고 부드러운 서술방식을 채택한 것이다.

중국의 한 연구자는 바진이 『집(家)』에서 "봉건적 부자관계를 파괴한 후, 새로운 부자관계를 세우려는 이상에 목말라" 『장생탑』 속에서 아들에게 이야기를 해주는 아버지의 모습을 채택했으며, 이는 "이상사회에 대한 바진의 상상과 '부자'관계를 새롭게 세우려는 노력의 시도로 설명할 수도 있을 것이다"라고 주장했다.[5] 루쉰이 제기한 "어떻게 아버지 노릇을 할 것인가(我們怎樣做父親)"라는 문제는 5·4지식인들이 오랫동안 숙고해 온 중요한 화두이나, 『장생탑』속의 부자관계와는 특별한 관련이 없어 보인다. 작품 속 부자관계가 서로 다른 세대의 특징과 차이를 나타내고 있지 않기 때문이다. '아버지'는 기성세대의 대표가 아니고, '나' 역시 젊은 세대의 대표성을 지니고 있지 않다. '아버지'는 자신이 먼저 깨달은 진보적 사고를 다음 세대인 '나'에게 일깨워주고 계몽시키는 선구자가 아니다. 황제와 천민, 지배자와 피지배자, 현실과 미래에 대한 둘의 생각은 시종일관 매우 비슷하다. 『장생탑』에 등장하는 부자간의 대화는 작가와 독자 사이의 대화라고 보는 편이 오히려 더 적합하다. 작가는 아버지와 아들의 입을 통해 사회문제에 대한 비판적 견해와 평생 믿어 의심치 않았던 자신의 무정부주의 신앙을 독자에게 들려주면서 독자도 이 대화에 함께 동참하기를 독려하고 있다.

바진이 이러한 서술방식을 취한 데에는 당시의 시대적 배경도 한 몫 하고 있다. 1933년, 바진의 '애정 삼부작' 제3부 『번개(電)』가 국민당 정부에 의해 발표 금지 처분을 받게 된다. 결국 정전둬, 장진이(章靳以)의 지지 하에 작품명, 인물명, 작가명 등을 모두 바

5 朱勤, 「從『長生塔』看兒童文學的兒童性」, 『甘肅聯合大學學報』 第21卷 第2期, 2005, 36쪽.

꾼 후에야 작품은 겨우 빛을 보게 된다.[6] 이러한 경험은 바진에게 상당한 곤혹감과 불쾌감을 안겨주었다. 그 해 말, 국민당 정부의 검열을 피하고 새로운 작품구상을 위해 바진은 일본행을 결정하게 되며, 첫 번째 동화 「장생탑」은 1934년 일본 체류기간 중 완성된다. 이러한 정황을 고려할 때, 『장생탑』속의 부자관계는 국민당 정부의 감시를 피하고 독자에게 더 쉽게 다가가기 위해 선택한 새로운 서술방식으로 보는 것이 타당할 것이다.

바진은 약 2년의 시간을 들여 네 편의 동화를 완성했다. 1934년 「장생탑」을 썼으며, 이듬해 중국으로 돌아와 「탑의 비밀」을 발표했다. 「은신주」와 「말하는 나무」는 1936년 가을과 겨울에 각각 발표했다. 짤막한 네 편의 이야기들을 완성하는데 2년이라는 시간이 걸린 데에는 다른 작품 집필이라는 이유도 있지만, 작가가 처음에는 「장생탑」과 관련된 일련의 작품들을 쓰려는 의도가 없었음을 엿볼 수 있는 대목이기도 하다.[7]

---

6 『번개』는 1935년 3월 良友圖書印刷公司를 통해 『룽옌 꽃이 필 때(龍眼開花的時候 — 一九二五年南國的春天)』라는 제목으로 재출판된다. 『巴金全集』 第26卷, 人民文學出版社, 1994, 538쪽; 徐開壘, 『巴金傳』, 上海文藝出版社, 1991, 195쪽 참조.

7 바진은 多作으로 유명한 작가이다. 60여 년 동안 써낸 창작과 번역 작품이 1300만자에 이를 정도로 방대하다. 특히 1930년대는 바진 창작생애의 황금기라고 할 수 있는데, 대표작 『격류 삼부곡』, 『애정 삼부곡』 등을 포함한 창작작품집만 34권이 출판되었다. 이 시기 바진은 하루, 이틀 만에 단편소설 한 편을 써내는 왕성한 창작열을 과시한다. 『창작 회고록』에서 "「장생탑」을 쓸 때 단숨에 썼"고, "「은신주」는 더더욱 힘들지 않았다"고 언급했듯이 당시 바진은 작품이 될 만한 소재를 그냥 방치하는 법이 없었다. 이 같

바진이 네 편의 동화를 완성하는데 걸렸던 시간과는 상대적으로 동화 속 서술자인 '아버지'가 '나'에게 이 이야기들을 들려주는 시간은 이틀에 불과하다. 「장생탑」의 끝부분과 「탑의 비밀」의 마지막 부분은 이 이야기들의 시간적 배경이 같은 날임을 보여주고 있다.

"집에 돌아가서 푹 자자. 황제니, 장생탑이니 생각하지 말고. 그렇지 않으면 밤에 악몽을 꿀게다." 아버지는 이렇게 말씀하시며 일어나셨다. 아버지와 나는 평상시와 같이 손을 잡고 강 언덕에 올라 방향을 알려주는 북두성에 의지하여 천천히 집으로 돌아왔다.[8]

위 부분은 「장생탑」의 마지막 부분으로 이야기에 흠뻑 빠진 아들이 밤에 악몽을 꿀까 걱정된 아버지가 아들을 재촉해 집으로 돌아오는 장면이다. 아버지의 이러한 걱정은 「탑의 비밀」에서 그대로 실현되고 만다.

"눈이 아직 내리나 봐요. 밖에 바람이 거세게 부네요." 나도 한숨을 쉬었다. 이미 잠에서 깨어난 것을 느낄 수 있었다. "눈? 바보 같은 녀석, 이 계절에 어떻게 눈이 내린단 말이니? 너 정말 꿈을 꾸다 흐리멍덩해졌나 보구나. 오늘 장생탑 얘기를 해줬더니, 꿈을 많이 꾼 모양이다." 아버지는 귀여운 듯 나를 나무라셨다.[9]

은 젊은 시절의 창작경향은 글 한 편을 완성하기 위해 몇 달 동안 숙고하는 일이 잦았던 노년의 모습과는 매우 대조적이다.

8 「長生塔」, 『巴金和兒童文學』, 少年兒童出版社, 1990, 11쪽.

뒤이어 아버지는 아들에게 푹 자라고 권하며 다음과 같이 말한다.

> "내일 아침 일찍 일어나 함께 산에 가야 해."[10]

이 결말은 바로 다음 작품의 첫 대목으로 연결되는데, 「은신주」는 부자가 산에 오르는 장면에서부터 시작된다.

> 이 때 우리는 산 속을 걷고 있었는데, 구불구불한 산길을 따라 올라가고 있었다.[11]

산을 오르다 지친 아버지가 잠시 휴식을 취하는 김에 들려준 것이 바로 용으로 변한 소년의 이야기이고, 이야기가 끝나자 부자는 계속해서 산을 오른다. 마지막 작품의 시간적 배경은 산에 오른 그 날 저녁이며, 부자는 산 속에서 야영을 하고 있다. 깊은 밤 숲 속의 기괴한 분위기에 공포를 느낀 아들을 위해 아버지는 「말하는 나무」이야기를 들려준다.

서술자 '아버지'가 들려준 이야기의 시간적 배경은 다음과 같이 정리할 수 있다.

---

9 「塔的秘密」, 『巴金和兒童文學』, 少年兒童出版社, 1990, 30쪽.

10 「塔的秘密」, 『巴金和兒童文學』, 少年兒童出版社, 1990, 30쪽.

11 「隱身珠」, 『巴金和兒童文學』, 少年兒童出版社, 1990, 31쪽.

작품명	서술시간	장소	이야기 속 계절
장생탑	첫째 날 이른 저녁	강 언덕에 매어둔 배 위	언급 안 됨
탑의 비밀	첫째 날 늦은 저녁	집 안	겨울(저녁)
은신주	둘째 날 낮	산 속	언급 안 됨
말하는 나무	둘째 날 저녁	산 속	봄(저녁)

바진은 아버지의 서술시간을 자연스럽고 긴밀하게 배치하고 있다. 이 서술시간 상의 밀접한 연결은 네 편의 서로 다른 이야기가 기실 공통된 주제를 가지고 있음을 암시하고 있다. 부자의 이동경로 역시 주목할 만하다. 이들은 낮은 곳에서 높은 곳으로 장소를 옮겨가고 있는데, 네 편의 이야기 속에 담긴 주제사상이 회를 더해갈수록 분명해지고 강렬해질 것을 암시하고 있다. 여기에서 독자는 작가가 가장 중요하고 핵심적인 사상을 마지막 이야기에서 드러내리라는 것을 추측할 수 있다. 『장생탑』의 주제이자, 작가의 핵심사상인 "다른 사람을 도와주고, 동정하며, 사랑하라", "자신의 행복을 타인의 고통 위에 세우지 말라"[12]는 구절이 「말하는 나무」에 이르러서야 구체적으로 등장하는 것은 이와 같은 서술구조의 점층적 강조에 기인한 것이다.

이상 『장생탑』의 서술자와 구조상의 몇 가지 특징을 살펴보았다. 바진은 "「장생탑」을 쓸 때 단숨에 썼다고 할 수 있을 정도로

12 크로포트킨이 했던 이 유명한 말을 바진은 평생의 좌우명으로 삼았다. 표트르 크로포트킨, 백용식 옮김, 『아나키즘』, 도서출판 개신, 2009, 234쪽.

힘들지 않았다", "「은신주」는 더더욱 힘들지 않았다. 어릴 때 들어 익숙했던 줄곧 내 마음을 심하게 격동시켰던 이야기를 충실히 기록했을 뿐이다"고 회고하고 있다.[13] 그러나 네 편의 동화를 하나로 엮어내는 치밀한 구조를 살펴볼 때, 작가가 작품 사이의 자연스런 연결과 주제의 심화를 위해 심혈을 기울였음은 의심할 여지가 없어 보인다.

『장생탑』의 창의성과 주제사상

창작배경 : 예로센코의 동화와 용의 전설

잘 알려진 바와 같이, 바진의 동화창작은 러시아의 맹인시인 예로센코와 영국작가 오스카 와일드의 영향을 많이 받았다. 바진 스스로도 두 대가의 작품이 자신에게 미친 영향을 종종 언급하곤 했다. 1940년대에 그는 와일드의 동화집 『행복한 왕자』를 번역했는데, 이 동화집은 50년대, 80년대에도 출판사를 바꿔가며 수차례 재판되었다.[14] 바진은 『장생탑』의 소재를 루쉰의 집에서 읽었던 예로센코의 동화 「떨어지기 위해 세운 탑」에서 얻었다고 고백했다. 물론 그가 외국작가들의 작품을 단순히 모방한 데 그친 것은 아니다. 바진은 예로센코에게서 얻은 소재를 가지고 자신의 사상을 담은 개성 있는 이야기를 들려주고 있다. 「떨어지기 위해 세운

---

13 「關於『長生塔』」, 『巴金全集』 第20卷, 人民文學出版社, 1993, 582, 585쪽.

14 『巴金譯文全集』 第6卷, 人民文學出版社, 1997, 126쪽.

탑」은 서로를 증오하는 부유한 도련님과 아가씨가 자신의 부를 자랑하기 위해 경쟁적으로 탑을 쌓다가, 두 사람이 동시에 탑에서 떨어져 죽고 만다는 이야기이다. 예로센코와 바진의 동화 속에 등장하는 탑은 모두 주인공의 부요함, 오만, 욕망을 상징하고 있으나, 『장생탑』의 탑은 천민들의 피 위에 세워진 것으로 억압과 폭정의 의미까지 내포하고 있다. 황제의 탑은 바로 "자신의 행복을 타인의 고통 위에 세우는" 억압의 상징이며, 이는 곧 작가의 세계관과 상반되는 행위이다.

「탑의 비밀」에서 바진은 더욱 구체적으로 장생탑의 복잡한 면모를 밝히고 있다. 외부에서 볼 때 이 탑은 "정말로 높고, 뾰족한 것이 보검(寶劍)이 하늘을 찌르는 듯한" 모습이며, "매 층의 처마 끝에는 별처럼 반짝이는 등이 가득 달려있었고," 그곳에는 "바람도, 눈도, 어둠도 없었다." 하지만 탑 안으로 들어서면, 그 실상은 외부와 정반대임을 알 수 있다. 이곳에 살고 있는 황제는 사람을 잡아먹는 괴물이며, 그 안에는 무고하고 불쌍한 백성들이 핍박과 억압 속에 고통당하고 있고, 젊은이들은 황제에게 반항하며 끊임없이 투쟁을 전개하고 있다. 이는 황제의 통치 아래 있는 세상의 양면성을 의미한다. 표면적으로 봤을 때, 그의 통치는 매우 성공적이고 주위는 평온한 듯하나, 실상 많은 이들의 반대에 봉착하고 있고 혁명의 기운이 점점 고조되고 있는 것이다. 장생탑은 황제가 불로장생을 추구하는 화려한 세상일 뿐 아니라, 그의 폭정과 정치적 혼란을 은폐하는 장치이기도 하다.

「은신주」는 작가가 어린 시절 익히 들어왔던 쓰촨지역의 오래된 민간고사를 바탕으로 쓴 작품이나, 그 속에 묘사된 몇몇 부분의 상징성은 본래의 용의 전설과 사뭇 다르다. 예를 들어, 바진은 쓰촨지역 민간고사에서 재물을 계속 불려주는 화수분 같은 역할을 하는 보물구슬을 치부와는 거리가 먼 '은신주'로 바꾸었다. 용의 전설 속 주인공이 자기의 이익과 행복을 유지하기 위해 구슬을 삼킨 것에 반해 「은신주」의 주인공은 관리들에게 발각되지 않기 위해 우연히 발견한 구슬을 삼키고 만다. 구슬을 삼킨 후, 두 주인공 모두 미친 듯이 물을 찾아 마시지만, 그들이 느끼는 갈증이 상징하는 바 역시 같지 않다. 전설 속 주인공의 갈증은 용이 되어가는 과정의 일부분에 지나지 않지만, 「은신주」의 주인공이 느끼는 갈증은 사회 정의와 평등을 갈구하는 백성들의 간절한 소망과 통한다. 이렇게 서로 다른 상징성은 두 이야기의 결말을 다른 방향으로 이끌고 있다. 전설 속의 용은 "어디로 가든지 가뭄을 일으키고, 재난을 가져오는" 악의 화신이 되나, 「은신주」의 용은 아버지와 마을사람들의 복수를 위해 강을 따라 관리들이 사는 도시로 향한다. 그의 목표는 억압받고 고통 받는 이들의 억울함을 대신 표출하는 데에 있는 것이다.

「말하는 나무」에서도 예로센코의 작품인 『고엽잡기(枯葉雜記)』의 흔적을 찾아볼 수 있다. 『고엽잡기』에 실린 이야기 중 하나인 「인마(人馬)」 가운데 다음과 같은 대목이 있다. 어느 처량한 저녁, 착취당하는 삶으로 말미암아 겨우 가는 숨을 몰아쉴 기운만 남은 한 인력거꾼이 거리의 나무를 부여잡고 다음과 같이 말한다.

> "노란 잎으로 둘러싸인 선량한 나무여! 내가 그들을 위해 언제까지 말 노릇을 해야 끝이 날까? 어느 때에야 그들의 짐승노릇을 그만 둘 수 있을까? ……온통 노란 잎인 선량한 나무여! 알려다오, 어느 때에야, 어느 때가 되서야 내 몸 위에 올라탄 사람들의 발길질을 참지 않아도 되는 것인지. 설마 인류의 진보와 백인세계의 놀랄만한 문명에 대해 내가 더 이상 의견을 말하지 못하고 벙어리가 될 때까지 기다려야 한단 말인가?"

위의 장면은 「말하는 나무」에 나오는 여동생의 기도를 연상시킨다.

> "모든 것을 살펴보시는 전능한 신이여, 모든 사람은 당신이 동일하게 창조한 당신의 자손이 아닌가요? 왜 어떤 이는 자신의 행복을 다른 사람의 고통 위에 세워야 하는 건가요?……어째서 다른 사람을 동정하고, 도와주며, 사랑하는 젊은이들은 족쇄를 차고 채찍질 당하며 감옥에 갇히고 두 눈을 빼앗기며 죽기까지 박해를 당해야 하나요?"

인력거꾼의 탄식과 여동생의 기도는 어느 누구에게도 다른 사람을 학대할 권리는 없다고 주장한 무정부주의 신앙을 소유했던 예로센코와 바진의 세계관을 함축적으로 보여주고 있다. 그러나 두 작품의 결말, 즉 주인공들의 마지막은 다른 모습으로 나타난다. 예로센코의 인력거꾼은 이튿날 가로수 아래 싸늘한 시체로 발견되지만, 「말하는 나무」 속 남매의 용기와 선량함은 길가의 나무를 감동시켜 나무로 말을 하게 하는 기적을 낳으며, 이 기적을 체험한 남매는 포기하지 않고 투쟁의 길을 계속 가게 된다. 예로센코의 『고엽잡기』가 억압받는 자들이 겪는 부조리함과 억울함을 고소하고 그들의 비참한 운명에 함께 가슴아파한 작품이라면, 바진의 「말하는 나무」는 동일하게 현실을 비판하고 주인공들을 동정하면서, 더 나아가 독자들에게 귀중한 희망을 남겨주고 있다. 젊은 남매가 절망 가운데 다시 일어나 새로운 발걸음을 내딛는 결말은 괴롭고 비참한 현실 속에서도 세상과 젊은이를 향해 품고 있는 작가의 끊임없는 희망을 상징하고 있다.

이상 『장생탑』의 창작에 영향을 미친 작품들과 『장생탑』과의 연관성을 간략히 살펴보았다. 동화 창작에 있어 바진이 외국작가들과 민간전설의 영향을 받은 것은 확실하나, 그 영향에 머무르지 않고, 상징성이 풍부한 소재를 자신의 작품 속에 응용함과 동시에 작품의 주제사상을 전달하는 주요 도구로 사용하였음을 알 수 있다. 예로센코의 동화와 민간전설 속 상징을 효과적으로 응용한 결과, 바진의 『장생탑』은 더욱 새롭고 복합적인 상징성을 내포한 창의적인 작품으로 탄생하게 된다.

『장생탑』의 주제사상 : 평범한 사람들이 만드는 기적

"다른 사람을 도와주고, 동정하며, 사랑하라", "자신의 행복을 타인의 고통 위에 세우지 말라", 이는 바로 『장생탑』에 실린 네 편의 동화의 주제사상이다. 바진은 이 숭고한 이상을 평범한 사람들에게 기탁하고 있다. 서술자인 '아버지'와 '나', 「은신주」의 주인공인 남자아이, 「말하는 나무」의 남매는 모두 지극히 평범한 보통 사람들이다. 그러나 그들은 아버지와 마을사람들의 복수를 위해 도시로 향하고, "다른 사람을 도와주고, 동정하며, 사랑하기" 위해 새로운 길을 떠난다. 정치적으로 경제적으로 피억압자에 속하는 이들에게는 자신의 현실을 변화시킬만한 특별한 능력이 없다. 장생탑을 쌓은 황제와 비교해볼 때, 이들의 힘은 미약하기 그지없다. 그런데 왜 작가는 자신의 모든 희망을 이 평범한 사람들에게 기탁하여 그들이 이뤄 낼 기적을 강조하고 있는 것일까? 그들은 어떻게 기적을 만들 수 있을까?

여기에는 '자기희생'이라는 한 가지 조건이 선행된다. 아버지의 안위를 걱정하며 울던 아이는 장생탑을 훼멸시킬 비밀이 자신의 배 속에 있다는 사실을 알고 대담하게 옷을 벗어젖히며 아버지의 손에 들려있는 칼을 향해 달려든다.(「탑의 비밀」) 구슬을 삼켜버린 시골아이는 사람들을 괴롭히는 탐관오리를 심판하기 위해 기존의 생활을 버리고 사랑하는 어머니의 곁을 영원히 떠나야 한다.(「은신주」) 무사에게 얻어맞은 노인을 치료해주고 가난한 이를 위해 변호한 대가로 한 젊은이는 두 눈을 잃게 되고, 그의 누이동생은 오빠와 함께 투쟁의 길을 가기 위해 자신의 집과 생활터전을 버린다.(「말하는 나무」) 이 평범한 사람들의 희생이 조금씩 모여 방대한 힘을 이루며, 그 힘이 장생탑을 무너뜨리고, 백성들을 억압하는 불의한 정권을 심판하며, "자신의 행복을 타인의 고통 위에 세우지 않는" 이상세계를 만드는 것이다. 이것이 바로 바진이 네 편의 동화를 통해 줄곧 강조하고 있는 사상이다. 타인, 사회, 인류를 위해 자신을 희생하여 횃불처럼 밝히는 것, 이는 작품 속 인물들이 공통적으로 추구하고 있는 삶의 자세이다.

작가는 매 이야기의 인물들과 여러 가지 상징을 통해 자기 사상의 정당성을 주장하고 있지만, 이야기의 결말을 확실하게 매듭짓진 않는다. 네 가지 이야기의 결말은 모두 열린 결말로, 독자에게 상당한 여지를 남겨주고 있다.

> "아버지, 그 위대한 탑이 어떻게 바로 무너질 수 있죠? 그건 불가능한 일인 것 같아요!" 나는 아버지의 아직 끝나지 않은 것 같은 이야기에 불만을 느끼고 다시 질문을 했다. (「장생탑」)[15]
>
> "아버지 칼은요? 왜 제 배를 가르지 않았어요? 가르세요, 저는 두렵지 않아요, 아버지 아들인걸요."……"얘야, 푹 자거라. 또 꿈을 꿨구나." 아버지는 미소를 지으며 내손을 제치고 이불을 덮어주셨다." (「탑의 비밀」)[16]
>
> "하지만, 결말은 어떻게 됐어요? 그 용이 도시로 가서 어떻게 됐죠?" 나는 아버지가 이야기를 다 마치지 않고 계속 산을 오르려는 것을 보고는 일어나며 급히 물었다. (「은신주」)[17]
>
> "아버지, 이 이야기는 아직 끝나지 않았잖아요! 오빠와 누이동생이 길을 떠난 후에 어떻게 됐나요? 또 어떤 결말이 있는거죠" ……

15 「長生塔」, 『巴金和兒童文學』, 少年兒童出版社, 1990, 11쪽.

16 「塔的秘密」, 『巴金和兒童文學』, 少年兒童出版社, 1990, 29-30쪽.

17 「隱身珠」, 『巴金和兒童文學』, 少年兒童出版社, 1990, 38쪽.

"그 후의 일은 나도 모른단다. 네가 어른이 되고 나서 직접 알아보렴." (「말하는 나무」)[18]

이야기 속의 인물들의 미래가 어땠는지, 그들의 꿈이 이뤄졌는지, 원하는 대로 세상을 변화시켰는지……, 이 모든 것에 대한 대답을 작가는 읽는 이에게 남겨두고 있다. 독자 스스로 이야기의 결말을 선택하도록 한 것이다. 평생 무정부주의 운동의 실천가로 살고 싶어 했던 바진은 수천수만에 이르는 보통사람들의 실천이야말로 현실을 변화시키는 진정한 힘임을 믿었다. 네 편의 동화에 동일하게 존재하는 열린 결말은 그가 자신의 작품을 읽는 수많은 평범한 독자들이 자기희생과 실천을 통해 현실을 변화시킴으로 『장생탑』의 마지막 퍼즐을 맞춰주기를 고대했음을 보여준다.

나오는 말

바진은 「『장생탑』서」에서 "이것들은 모두 어린 아이의 꿈이다. 나는 그것들을 억지로 동화라고 불렀지만, 기실 '잠꼬대'라고 하는 편이 더 적당할 것이다"라고 말하며, "현실생활에 질식할 지경인 사람들은 이 어린아이의 꿈속에서 신선한 공기를 마시는 것도 무방하다. 이 소설을 그들에게 바치고 싶다"는 뜻을 밝혔다. 바진

18 「能言樹」, 『巴金和兒童文學』, 少年兒童出版社, 1990, 51-52쪽.

이 『장생탑』을 국민당 정부의 억압 아래 자신의 생각을 자유롭게 표출하지 못하는 사람들을 위해 썼으며, 그들이 이 이야기들을 통해 위로받기를 원했음을 알 수 있다. 『장생탑』이 어린이를 대상으로 쓴 작품이라기보다는 어른을 위해 쓴 동화임을 확인할 수 있는 대목이기도 하다.

1979년에 발표한 『창작 회고록』에서 바진은 "황제는 바로 장제스(蔣介石)"라고 밝히고 있다. 30년대의 출판검열과 불리한 정치적 상황에 맞닥뜨린 작가는 그에 대한 자구책으로 동화 속 상징과 우화로 현실을 빚어내고, '잠꼬대'를 통해 자신의 이상을 풀어냈다. 그는 동화라는 이름으로 당시 정권의 야만성을 풍자하고 민중과 미래를 믿는 자신의 희망을 노래했다. 그러나 문학작품은 그 자체로 생명력을 가지고 있는 것으로, 시간이 흐르면서 작가가 의도하지 않았던 다른 의미들을 담게 되기도 한다. 작품이 본래 겨누었던 투쟁의 창끝은 왕왕 그 방향을 바꾸어 다른 대상을 향하기도 한다. 제정 러시아가 무너진 후에도 18, 9세기 러시아 정치를 비판했던 소설들은 여전히 수많은 독자들을 거느리고 있으며, 수천 년의 세월을 지나 전해오는 그리스 로마신화는 매번 새롭게 해석되어 무수한 작가와 독자들에게 인류의 정신적 유산으로서의 역할을 다하고 있다. 우수한 문학작품은 세상에 막 등장했을 때 뿐 아니라, 다른 시대의 독자에게도 사고할 만한 문제의식들을 던져주기 마련이다. 『장생탑』 속에 담긴 무수한 상징들은 그저 20세기 30년대 중국의 현실에만 국한된 것일까? 50년대, 60년대, 80년대,

그리고 지금에 이르기까지 중국 뿐 아니라 억압과 착취, 부조리와 불평등이 이뤄지는 모든 지역에서 그 상징들을 엿볼 수 있지 않을까? 21세기에 접어든 후에도 『장생탑』 관련 논문들이 기존의 관점을 고수하여 작품의 창작 의도와 상징성을 깊이 있게 논하지 못하는 것은, 시대를 뛰어넘는 문학의 생명력을 제대로 파악하지 못하기 때문일 것이다.

『창작 회고록』에 실린 「『장생탑』에 관하여」라는 글은 1978년 9월 24일에 쓰기 시작하여 1979년 7월 25일에 수정을 마쳤다.[19] 십 개월에 걸친 수정은 작가가 이 글의 발표에 얼마나 고심했는지를 보여준다. 당시 『장생탑』을 접한 독자였다면, 백성들의 피와 땀 위에 자신의 욕망을 극대화시키던 황제의 모습 속에서 과거 십여 년간 끊임없이 신격화되었던 마오쩌둥의 모습을 쉽게 찾을 수 있었을 것이다. 바진이 "황제는 바로 장제스"라고 노골적으로 언급한 것은 작품이 내포하는 더 많은 의미를 가리려는 의도에서 비롯되었다. 즉 일부 독자들이 『장생탑』 속에서 마오쩌둥의 폭력성과 지금도 중국 사회에서 인정받지 못하는 무정부주의 사상을 발견하는 것을 어느 정도 저지하여 자신과 당국과의 불필요한 충돌을 피하고자 했던 것이다. 그러나 이러한 고의성을 발견하지 못하고 작가가 지적한 부분적 사실에만 의존하여 작품을 읽는다면, 작품이 지닌 진정한 가치는 축소될 수밖에 없을 것이다. 이처럼 대륙

19 「關於『長生塔』」, 『巴金全集』 第20卷, 人民文學出版社, 1993, 587쪽.

에서 발표된 『장생탑』 관련 논문들의 수가 지극히 적다는 사실과 그나마 발표된 논문들이 하나같이 1979년에 작성된 바진의 『창작회고록』 내용을 언급하며 시대를 뛰어넘어 해석될 수 있는 『장생탑』의 상징성을 피해가는 점은, 작가의 고의적 은폐를 조장하면서도 문학의 영향력을 두려워하는 중국 사회의 단면을 보여주고 있다.

『휴식의 정원』
: 이상과 그리움의 만남

작품 소개

『휴식의 정원(憩園)』은 1944년 바진이 발표한 중편소설로 중일 전쟁 시기 '휴식의 정원'이라 불리는 청두의 대저택을 배경으로 두 주인집의 비극적 운명을 다룬 작품이다. 그 줄거리는 다음과 같다.

여섯 권의 책을 내고도 아직 이렇다 할 주목을 받지 못하는 작가인 '나'는 16년 만에 돌아온 고향에서 옛 친구 야오궈둥(姚國棟)을 우연히 만나 그의 강권에 못 이겨 동백꽃이 피는 초봄부터 초여름까지 그의 집에 머물게 된다. 야오궈둥은 교수로도 재직하고 관직에도 몸담았으나 현재는 고향에 내려와 아버지가 물려준 유산으로 안락한 삶을 살고 있다. 그는 사별한 첫 부인이 낳은 아들 샤오후(小虎), 몇 년 전 맞이한 아름다운 아내 완자오화(萬照華)

와 화목한 가정을 꾸리고 있는 듯하다. 친구의 집에 도착한 날, '나'는 '휴식의 정원'에 무단 침입하여 동백꽃을 꺾으려다 하인들에게 잡힌 열다섯 살 소년 양한아(楊寒兒)를 만난다. '나'와 단 둘이 남게 된 한아는 내게 사정하여 동백꽃을 가져가고, 얼마 지나지 않아 '나'는 그 꽃이 저택 옆 대선사(大仙祠)에 머물고 있는 병어리 거지에게 있음을 발견한다. 한아를 도와 식당에서 도둑질하다 심하게 맞은 거지를 치료해주고 다음날 입원시키려 했지만, 거지는 자신을 찾지 말라는 쪽지만을 남긴 채 자취를 감춘다. 그 후 한아를 통해 그 거지가 자신의 아버지 양멍츠(楊夢痴)이며 방탕한 생활로 가산을 탕진하고 가족들을 배신한 탓에 큰 아들과 아내에게 버림받았다는 사실을 알게 된다. 사정을 알게 된 '나'는 완자오화와 함께 양멍츠를 찾으려 애쓰나 헛수고만 거듭한다. 완자오화는 아름다운 외모와 마음씨를 구비한 여인으로 자신의 가족뿐 아니라 주위 사람 모두를 배려하고 도우려한다. 하지만 샤오후는 계모를 백안시하고 재력이 막강한 외가 자오(趙)씨 댁에서만 시간을 보내며 어린 나이에도 도박을 일삼는다. '나'와 완자오화가 샤오후를 걱정해도 야오궈둥은 귓등으로만 들을 뿐 심각하게 여기지 않는다. 길에서 우연히 목격한 양멍츠가 절도로 수감 중이라는 사실을 알게 된 '나'는 야오궈둥의 도움을 받아 그를 빼내어 병원에 입원시키려 했지만, 야오궈둥이 그를 찾았을 때는 벌써 콜레라로 세상을 떠난 후였다. 그리고 '내'가 청두를 떠나기 며칠 전, 외사촌들과 수영을 하던 샤오후가 급류에 떠내려가 시체조차 수

습하지 못하는 사고가 발생한다. 상심에 빠진 친구와 완자오화를 뒤로 하고 '나'는 '휴식의 정원'을 떠난다.

이 작품은 크게 두 개의 이야기로 구성된 소설이다. 하나는 서술자인 '내'가 고향 친구 야오궈둥의 저택에 도착하여 떠날 때까지 보고 들은 이야기를 직접 서술하는 것이고, 또 다른 하나는 양한아의 구술을 통해 밝혀지는 양멍츠의 이야기(편의상 양멍츠의 이야기는 작은 이야기로 부르겠다)이다. 본 소설은 양멍츠의 이야기가 '내'가 서술하는 큰 이야기 속에 포함되는 액자구조로 되어 있다. 『휴식의 정원』의 줄거리는 두 이야기가 서로 연결되는 지점들이 많기 때문에, 서로 다른 등장인물과 시간적 배경에도 불구하고 과거에 발생한 작은 이야기를 이해하지 못하면 소설 전체의 내용과 주제를 제대로 파악하기 어렵다. '휴식의 정원'이라는 장소는 작은 이야기와 큰 이야기의 공동 분모로 모르는 사이였던 등장인물들이 이 공간에서 교류하며 서로를 더 깊이 이해하게 된다. 작가는 이 아름다운 저택을 먼저 설정한 후, 이곳을 통해 '과거'와 '현재'를 연결시켜 인물들이 겪는 아픔과 그들이 나눈 따스한 정을 서술하고 있다.

서술자 '나', 그리고 봉건제도에 대한 비판

소설 속에서 '나'는 비밀을 품고 있는 '휴식의 정원'으로 독자들을 인도하는 가이드 역할을 한다. 리(黎)선생님이라고 불리는 '나'는 등장인물 중 가장 이상한 사람이다. 고향에 돌아왔지만 친척집에 머무르지 않고 오랜만에 만난 친구 집의 식객이 되며, 작가라는 직업과 발표한 소설들을 모두 '공허'하다고 느끼면서도 결코 펜을 놓지 못한다. 다른 사람의 처지와 비밀에 대해 강한 호기심을 보이는 동시에 자기가 알게 된 사실들을 모두 잊어버리고 싶어 한다. '나'의 이런 모습들은 작가의 자아의식을 반영하고 있다. 『휴식의 정원』을 쓸 당시 바진은 다음과 같이 자신을 평가했다.

> 나는 일찍이 내 삶과 작품 속에 모순이 가득하다고 자주 이야기했다. 이런 예고성 발언은 『휴식의 정원』에서 '리선생'이 비록 나를 위해 적잖은 말을 해주고 있지만 내가 그의 일부 언행을 결코 만족스러워하지 않는다는 사실을 더 쉽게 발견하게 해준다.[1]

전쟁으로 인해 전국에 팽배했던 위기감, 그러한 비상시국 하에서 지식인으로서 느꼈던 허무함, 무정부주의 이상 실현을 향한 갈망……, 이런 여러 감정들이 뒤섞여 발생하는 내면의 갈등을 작가는 '나'의 입을 통해 털어놓고 있다. 모순으로 가득 찬 '나'는 시종일관 전체 이야기의 틀 밖에서 서술자와 관찰자 역할을 한다. 그는 방관자 특유의 객관적인 안목으로 다른 인물들의 단점과 현실 문제를 정확히 파악하고 미래에 일어날 일들, 예를 들어 위안부인 마음속 고통의 비밀, 양한아와 대선사에 거주하는 벙어리 거지와의 관계, 양멍츠의 비극적인 죽음, 아들을 향한 야오궈둥의

1 巴金, 「談『憩園』」, 『巴金全集』 第20卷, 人民文學出版社, 1993, 481쪽.

맹목적인 사랑이 가져올 불행 등을 예측해낸다. 그렇다 할지라도 소설의 관건이 되는 몇 가지 문제에 있어 '나'는 거의 아무런 역할도 하지 못하기 때문에 양씨와 야오씨 가정의 비극을 막지 못한다. 폭행으로 심하게 다친 양멍츠를 입원시킬 기회를 놓치고, 수감자가 되어 노역 중인 그를 길에서 우연히 보지만 지나쳐버리며, 친구의 잘못된 부정(父情)을 바로잡지 못한 것들이 그 대표적인 예이다. 그가 유일하게 스스로의 힘으로 바꿀 수 있었던 것은 집필 중이던 소설의 결말뿐이었는데, 사실 그마저도 야오 부인의 건의를 받아들인 것이었다. 이런 점들을 볼 때, 그는 그저 작가가 부여한 서술자의 역할만을 담당하고 있는 듯하다. 그러나 다른 각도에서 보면, 서술자가 현실 문제에 전혀 관여할 수 없기 때문에 전체 줄거리의 발전과 등장인물들의 운명에는 근본적인 변화가 일어나지 않는다. 이는 매우 중요한 점인데, 양멍츠와 샤오후의 비극은 어느 날 갑자기 폭발하듯 발생한 것이 아니라 몇 년, 심지어 몇 십 년에 걸쳐 조금씩 형성된 것이기 때문이다. 양멍츠와 샤오후의 운명은 강물이 바다로 모여드는 것처럼 이미 그 방향이 정해져 있었던 셈이다. 서술자 '나'는 이 강물의 흐름 속에 우연히 끼어든 작은 지류에 불과하므로 그에게 큰 강물의 방향을 바꿀 능력이 없다는 것은 결코 이상한 일이 아니다.

그렇다면 작가는 『휴식의 정원』에서 어떤 이야기를 하고 싶은 것일까? 작은 이야기와 큰 이야기 사이에는 공통된 사상도 있지만 서로 다른 주제도 내포되어 있다. 두 이야기가 공통적으로 드러내는 것은 '제도에 대한 증오'이다. 양멍츠는 주색에 빠져 방탕한 생활을 하다가 자신의 전 재산과 청춘을 탕진해버린 탕자이기도 하지만, 어느 정도의 문화 수준을 갖춘 교양인이기도 하다. 그는 당시(唐詩)를 즐겨 읽었고 아름다운 자연을 감상할 줄 아는 사람이었다. 나쁜 버릇을 고치지 못해 결국 감옥에서 병사하고 말았으나, 일말의 양심도 없는 파렴치한은 아니었다. 형제들이 아버지의 유언을 어기고 저택을 팔아넘기는 것을 반대하는 장면, 저택 매도가 결정된 날 저녁, 막내아들 한아와 함께 집안 곳곳을 돌아보며 했던 말들은 그가 완전히 배은망덕한 인물은 아님을 보여준다. 큰 아들과 아내에게서 내쳐진 후 그는 자기가 겪고 있는 고생이 스스로 자초한 것임을 잘 알았기에 작은아들의 만류와 도움에도 불구하고 사랑하는 아들의 행복을 빌며 몰래 대선사를 떠난다. 이 장면들은 양멍츠의 불행이 결코 개인에게만 책임이 있는 것은 아니고, 상당부분 봉건제도라는 환경 때문임을 지적하고 있다. "덕행은 남겨주지 않은 채 재산만 자손들에게 물려주면 결국에는 지켜내지 못할 거라는 사실을 이제야 깨닫다니, 오랜 세월을 헛살았구나!"[2]라는 양멍츠 부친의 탄식은 봉건제도가 야기한 부작용이 무엇인지 암시하고 있다.

샤오후의 비극 역시 봉건제도와 물질만능주의가 만들어낸 것이다. 외가인 자오 집안사람들이 그에게 가르친 것은 '도박, 경극 관

2 바진, 차현경 옮김, 『휴식의 정원』, 문학과지성사, 2014, 134쪽.

람, 무단결석'과 같은 방탕한 생활로, "좋은 것이라고는 하나도 없었다." 돈을 신봉하고 노동을 폄하하며 자기보다 낮은 계급의 인간을 경멸하는 봉건제도의 해악은 먼저 샤오후의 정신을 갉아먹고 그 후에 그의 생명을 앗아간다. 그 때문에 '나'는 이 두 사람에게 기본적으로 동정을 표하고 양멍츠의 종적을 찾아다니거나 친구에게 샤오후의 교육 문제에 대해 지적하는 등 줄곧 그들이 '멸망의 길'에서 빠져나올 방법을 모색한다. 양멍츠가 등장하는 '나'의 꿈과 양멍츠, 샤오후의 사망 소식을 접한 후의 '나'의 반응 역시 작가의 증오가 개인을 향한 것이 아니라 잘못된 제도를 겨냥한 것임을 보여주고 있다.

> 그는 기왕 사형에 처해질 바에야 차라리 자살하는 게 낫겠다고 말하면서 쏜살같이 벽을 향해 머리를 날렸다. 그의 머리가 벽에 부딪혀 단박에 박살이 나면서 피와 뇌수가 온 사방으로 튀었다. 나는 너무 놀란 나머지 미친 듯이 비명을 질렀다. 소스라쳐 잠에서 깬 내 얼굴은 온통 땀으로 흥건했고 심장은 두근두근 요동쳤다.[3]
>
> "그럼 그를 어디에 묻었지? 시체를 찾아 땅이라도 사서 이장을 해주고 비석도 세워줘야 하지 않을까. 원고를 보냈으니 머지않아 돈이 좀 들어올 거야. 반은 내가 부담하지."[4]
>
> 리오원(老文: 야오궈둥 집의 하인)이 저녁상을 들여왔을 때 나는 그의 얼굴에서 샤오후에게 닥친 재앙을 고소해하는 듯한 표정을 똑똑

3 『휴식의 정원』, 199쪽.

4 『휴식의 정원』, 201쪽.

히 읽었다. 그는 작은 눈을 치켜뜨며 말했다. "리 선생님, 천벌을 받은 거예요. 인과응보지요." …… 반박할 생각은 없었지만 그래도 그에게 넌지시 일깨워주었다. "그래도 자네 나리한텐 도련님 한 분밖에 없잖은가!"[5]

봉건의 울타리 속에서 자신의 운명을 망가뜨린 인물들을 향해 작가가 원망과 동정, 미움과 안타까움을 동시에 느끼며, 이 비극적인 결과를 한 개인의 책임으로 귀결시킬 수 없다고 간주하고 있음을 알 수 있다.

아나키즘적 이상 추구와 고향에 대한 향수

작가는 또 다른 두 인물의 형상을 통해 두 이야기의 서로 다른 주제를 논하고 있다. 안목이 뛰어난 관찰자인 '나'는 완자오화와 양한아라는 두 인물을 독자에게 소개함으로써 작가의 창작 의도를 드러내고 있다. 자오화는 작가가 추구하는 이상을 체현해낸 인물이다. 이 젊고 아름다운 여인은 줄곧 규방에서 지내 바깥 세상에 대해 아는 바가 많지 않지만, 인간 세상에서 가장 고귀한 것이 무엇인지 밝히 알고 있다.

"'희생이야말로 최고의 행복이다'였죠. 전에는 그 뜻을 이해하지 못했는데 요즘에서야 깨닫게 되었어요. 사람을 돕는다는 건, 자기의

5 『휴식의 정원』, 213쪽.

것을 다른 사람과 함께 나누고, 울고 있는 사람을 웃게 해주고, 굶주린 사람에게 먹을 것을 배불리 먹여주고, 추위에 떠는 사람에게 따뜻한 온기를 나눠주는 거예요. 그들의 웃음소리와 환희야말로 최고의 선물인 거죠!"

"주위 사람의 웃음 속에서 혹은 울고 있는 모습에서 제 자신을 발견할 수도 있어요. 그들의 행복 속에도, 일상에도 제가 있고, 그들의 생각 속에도, 기억 속에도 제가 있는 거죠. 그렇게만 된다면 얼마나 좋을까요!"[6]

선량한 야오 부인의 말은 "인간 세상에 온기를 더하고, 모든 눈의 눈물을 닦아주며, 모두를 웃게 만들고자" 하는 무정부주의적 이상과 맞닿아 있다. 아나키스트로 설정된 인물은 아니지만, 완자오화는 그녀의 삶 속에서 '상호부조'와 '자아희생'이라는 무정부주의의 신념을 실천하고 있는 것이다. 가족, 손님, 하인들 그리고 자신의 집에 무작정 들어와 꽃을 꺾어가는 양한아에게까지 그녀는 깊은 관심을 보이고 온힘을 다해 도우려 한다. 이 때문에 '나'는 이 여성을 볼 때마다 "그녀가 웃으면 방안이 환해지고" "햇빛과도 같은 미소가 그녀의 얼굴을 비치며" "그녀 얼굴의 미소가 얼마나 찬란한지 마치 가을 밤 별이 가득한 하늘을 보는 듯"한 느낌을 받는다. 그녀의 미소, 온화함, 겸손은 '나'에게 태양과 같은 빛과 희망을 안겨준다. 완자오화는 단순히 아름답고 선량한 여성의 이미지를 드러내는 데 그치지 않고, 작가가 추구하는 이상을 구현해낸

6 『휴식의 정원』, 167-168쪽.

다. 그렇기 때문에 그녀에게 느끼는 '나'의 감정 역시 '이성'에게 매혹되어 일어난 감동 그 이상을 뜻한다.

> 그녀의 말을 들으며 남몰래 이런 생각에 잠겼다. '얼마나 아름다운가!' 그리고 생각했다. '이 미소 속에 쑹스(誦詩: 야오궈둥의 별명)가 있겠지?' 이런 생각도 들었다. '이 미소 속에 혹시 나도 있을까?' 그녀가 나를 높이 평가해주는 듯해서 내 마음은 한껏 부풀어 올랐다. 그녀를 바라보는 내 심장이 감동으로 세차게 두근거렸다.[7]

작가는 그녀가 다른 사람들에게 가져다준 희망과 즐거움을 묘사하며 인간이 추구해야 한 진정한 삶의 태도가 무엇인지 드러내고 있다. 『휴식의 정원』을 발표하기 십여 년 전, 바진은 『바다의 꿈(海的夢)』이라는 소설에서 아나키즘적 이상에 부합하는 리나(里娜)라는 여성을 묘사한 바 있다. 자오화와 마찬가지로 그녀 역시 다른 이의 마음을 정복할 만한 매력을 지녔으나, 그 모습은 혁명 전사에 가깝다.

> 그녀의 엄숙한 표정과 목소리는 내가 감당할만한 것이 아니었지만, 그녀의 몸에 가득 찬 힘이 나를 신속하게 정복하는 것 같았다.[8]

자오화는 리나와 같이 강인한 면모를 지닌 인물은 아니다. 이

7 『휴식의 정원』, 168쪽.

8 巴金, 『海的夢』, 『巴金全集』 第5卷, 人民文學出版社, 1993, 12쪽.

두 여주인공은 동일하게 작가가 추구하는 이상을 대표하지만 그 이미지는 완전히 다르다. 두 인물 형상의 차이는 십여 년이 지난 후 바진의 창작이 일반인들의 삶에 더 가까워졌고, 동시에 초기에 꿈꿨던 혁명 이상에도 변화가 발생했음을 의미한다. 『휴식의 정원』에 이르러 '사랑'이라는 이미지가 '혁명'을 능가하고 있는 것이다.

완자오화와 더불어 다른 사람을 향한 사랑을 적극적으로 드러내는 인물이 바로 양한아이다. 아버지 양멍츠의 배신과 거듭되는 일탈의 과정을 누구보다도 잘 알고 있지만, 한아는 여전히 뜨거운 사랑으로 아버지를 붙들고 도우려한다. 가정을 위해 헌신하는 형과 어머니를 깊이 이해하면서도 자신의 버릇을 고칠 자신이 없어 집으로 돌아가길 거부하는 양멍츠를 끝까지 포기하지 않는 그의 모습은, 인간을 향한 사랑이 단순한 시시비비의 잣대로 가늠할 수 없는 영역임을 보여준다.

그러나 한아를 통해 작가가 궁극적으로 드러내고자 했던 것은 유년 시절에 대한 자신의 그리움이다. 바진은 한아의 회상에 의지하여 청두 고향집에서 보냈던 어린 시절에 대한 그리움을 표현하고 있다. 양씨네 가족들이 저택을 팔기로 한 후, 한아와 아버지가 함께 정원 안을 거닐며 과거를 회상하는 장면은 유년기에 대한 작가의 기억이 아니고서는 묘사할 수 없는 부분이다.

나는 18년 전 떠났던 옛집을 지나갔다. 거리의 모습이 바뀌었고,

집의 모습도 바뀌었다. 하지만 내 눈 속에는 여전히 친숙하게만 느껴졌다. 마치 옛 친구들 만난 것 마냥 그것들을 알아보았다.[9]

최근 청두를 방문한 일본 친구 히구치 스스무(樋口進) 선생에게 나는 다음과 같이 말했다. "청두에서 내 고향을 찾아갈 필요는 없습니다. 당신이 『격류』 속의 주택과 『휴식의 정원』 속의 정원을 한데 맞추면 그게 바로 나의 고향집입니다." (118. 나의 고향집)

작가는 양한아와 양멍츠의 입을 빌어 정원 안의 사물과 풍경을 세세하고도 감동적으로 묘사하고 있다.

"정원은 그때나 지금이나 변함이 없어요. 8월로 접어드는 시기라 계화나무 꽃이 한창이었어요. 정원에 발을 들여놓자 달콤한 계화나무 꽃향기가 콧속으로 스며들었어요. 저는 아빠를 따라 정원 속을 거닐었어요."

"그만 울고 계화나무 꽃향기가 얼마나 그윽한지 한번 맡아보렴. 이제 곧 중추절이구나. 내가 막 장가를 갔을 무렵에는 네 엄마와 종종 정원을 거닐며 달구경을 하곤 했었지. 그때는 화단도 없었단다. 화단 대신 연못이 하나 있었는데, 네 형이 태어나자 할아버지께서 집 안에 아이들도 많은데 실수로 연못에 빠지면 큰일이라며 연못을 메워버리셨지. ……"

"내가 어렸을 때 금붕어에게 먹이 주는 걸 굉장히 좋아해, 학교가 파하자마자 쪼르르 달려오곤 했단다. ……그 때만 해도 물이 참 맑아서 밑바닥에 깔려 있는 모래알까지 셀 수 있을 정도였단다. 내가 '오란다 버터플라이'라는 금붕어 두 마리를 얻어 오자 할아버

9 巴金, 「談『憩園』」, 『巴金全集』 第20卷, 人民文學出版社, 1993, 473쪽.

지께서도 그놈들을 무척 좋아하셔서 종종 나와 보곤 하셨지. 우리는 자주 항아리 앞에 이렇게 함께 서 있곤 했단다. 지금 우리처럼 말이다. 그때는 아버지와 지금은 아들과 함께구나. 생각해보니 꿈만 같다."[10]

비록 두 집안의 서로 다른 비극이 모두 '휴식의 정원' 안에서 일어나도록 했지만, 이곳을 향한 바진의 애틋한 감정은 여전함을 알 수 있다. 작가 본인이 이 아름다운 정원에서 유년기를 보냈고, 양멍츠의 비극 역시 함께 살았던 다섯째 숙부를 모델로 하고 있기 때문일 것이다.[11] 이에 근거하여 한아의 이야기가 작가 자신의 경험과 감정에서 우러나온 것임을 알 수 있다. 집을 떠난 후 오랜 시간이 흘러 중년의 나이에 접어들고 여러 경험을 한 탓에 작가는 고향집에 대해 이전처럼 날카로운 비판과 증오의 감정을 드러내지 않고 있다.[12] 자오화의 말을 빌어 확실하게 표현하고 있는 '이

10 『휴식의 정원』, 131, 133쪽.

11 내가 양씨 댁 셋째 나으리(양멍츠를 가리킴—필자) 이야기를 쓰려고 마음먹은 것은 1941년 1월 처음으로 청두에 돌아갔을 때였다. …… 두 가지 사건이 내게 가장 깊은 인상을 남겼는데, 하나는 다섯째 숙부의 죽음이었다. …… 그(사촌 형제)와 모친이 그의 아버지를 쫓아버렸다는 이야기를 들었다. 아마 사실일 것이다. 그의 아버지는 아내의 돈을 실컷 쓰고 가정을 내팽개치고는 두 모자의 생사는 아랑곳하지 않다가 훗날 혼자 살아갈 길이 없자 뻔뻔스럽게도 돌아왔는데, 아내와 아들이 이미 '상습 절도범'이 된 남편과 아버지를 받아주려 하지 않았다고 한다. …… 그는 집에서 '쫓겨나고', 도둑으로 잡힌 후에야 아주 짧은 기간 동안 일을 했는데, 얼마 지나지 않아 꾀병을 부리다가 진짜 병에 감염됐고 그렇게 얼떨떨하게 죽고 말았다. 巴金, 「談『憩園』」, 『巴金全集』 第20卷, 人民文學出版社, 1993, 465-466쪽.

상'과 달리, 과거에 대한 그리움은 한아의 탄식과 눈물을 통해서만 모호하고 아련하게 묘사되고 있다.

인간에 대한 깊은 애정을 표했던 두 인물에게 작가는 완벽하진 않지만 희망을 품을만한 작은 여지를 남겨둔다. 바로 한아 형의 결혼과 자오화의 임신이다. 양멍츠의 비참한 모습을 목격한 '나'는 아버지의 부재에도 행복하게만 보이는 한아의 가족들을 보며 잠시 당황하지만, 형의 결혼을 진심으로 기뻐하는 한아의 모습에 "정말 아이가 기뻐하면 안 되는 걸까?"라고 속으로 되뇐다. 샤오후의 죽음으로 '휴식의 뜰'은 비통에 빠지게 되나, 자오화의 임신 역시 이 집에 새로운 희망이 생겼음을 암시한다.

비록 아름다운 기억과 애절한 감정이 스며있는 곳이지만, 작가는 이곳을 떠날 수밖에 없다. '휴식의 정원'은 봉건시대의 저택이기에 그 운명 역시 봉건주의와 함께 몰락의 길로 접어들 것이기 때문이다. 그래서 '나'는 연민을 느끼게 하는 이곳을 떠나 현실생활과 업무로 돌아가기로 결정한다. 흥미로운 점은 '내'가 희망이 있는 현실 업무를 선택하긴 했지만, 자신의 선택에 그다지 큰 기대를 품고 있지 있으며 앞날에 대해서도 암담하게 느낀다는 점이다. 이는 불행한 두 사건을 경험한 후에 느끼는 비애 때문일까, 아

12 20년 전, 처음 청두에 돌아갔을 때는 확실히 유년기를 묻어둔 곳을 보고 아쉬움을 느끼지 않을 수 없었다. 비록 내가 "아쉬움의 눈빛으로 내가 태어난 집을 보는 것은 이번이 마지막일 것이다"라고 쓰긴 했지만, 『휴식의 정원』을 쓰기 시작했을 때, 그리움의 감정이 없었다고 말할 수는 없다. 巴金, 「談『憩園』」, 『巴金全集』 第20卷, 人民文學出版社, 1993, 480쪽.

니면 현실을 바꿀 수 없는 자신의 무력함을 다시 한 번 확인했기 때문일까? 어쩌면 이 비관적인 감정은, 봉건이라는 과거는 이미 몰락할 운명에 처했으나, 이를 대체할만한 미래가 도래하지 않음에서 기인할 것일지 모르겠다.

『차가운 밤』 등장인물 유형에 관한 짧은 고찰

중일전쟁과 평범한 지식인들의 삶

주지하다시피 중일전쟁은 전 중국대륙에 막대한 타격을 입혔다. 일본군의 점령지가 확대되면서 군인과 일반인 사상자의 수도 부단히 증가했다. 국민당 점령지인 국통구에서는 수천수만의 난민들이 구이린(桂林), 쿤밍(昆明), 충칭(重慶) 등의 도시로 몰려들어 현지의 집값과 물가가 폭등했고 생활필수품 역시 극도로 부족했다. 중일전쟁 전 한 섬에 8.3위안(元)이었던 쿤밍의 중등미 가격은 기하급수적으로 올라 1945년에는 31350위안을 기록한다. 쌀값은 약 3562배가 올랐으나, 같은 해 교수들의 월급은 1937년에 비해 100배 인상한 것에 그쳤다. 1943년 하반기 서남연합대학(西南聯合大學)교수의 월급 300여 위안은 십 여 일 생활비에 불과했다. 생활고에 시달리던 연대 교수들이 중등학교 강의를 하거나 소장도서와

생활용품 등을 전당포에 맡겨 생계를 이어가고 영양실조에 시달리는 일은 다반사였다.[1] 비록 "1939년부터 1944년 초까지 전선에는 큰 변동이 없었으며", 대립중인 중국과 일본 "쌍방 간의 전략적 평형이 6년 가까이 미세한 변화만 보였지만",[2] 일반인들의 힘겨운 삶은 전혀 달라지지 않았다.

『차가운 밤』이 소개하고 있는 것은 바로 이 시기 평범한 지식인들의 이야기이다. 사상적으로 바진은 충실한 아나키스트였으며 혁명운동에 기꺼이 몸 바치기를 바랐던 혁명가였으나, 현실생활에서는 지식인에 더 가까웠기에 그들의 생각과 감정을 더 깊이 이해할 수 있었다. 『차가운 밤』에서 우리는 중일전쟁 말기 평범한 지식인들의 비극적인 운명과 맞닥뜨리게 된다. 기존의 많은 연구들이 주인공 왕원쉬안(汪文宣), 정수성(曾樹生), 왕원쉬안의 어머니(汪母) 등 주요 인물들의 성격, 처지, 고부관계 등을 다각도로 다룬 바 있다. 그 가운데 대부분의 연구자들이 왕원쉬안을 유약하고 선량하며 정직하고 아첨할 줄 모르는 평범한 지식인으로 보고, 바로 이런 성격 탓에 그가 시종일관 현실에 적응하지 못하고 다른 이로부터 무시당한다고 파악했다. 그러나 관점을 달리하면, 소설 속 인물 가운데 어쩔 수 없이 비극적 결말에 이른 인물은 왕원쉬

1 李書磊, 『百年中國文學總系 — 1942 走向民間』, 1998, 68-69쪽; 袁國友, 「西南聯大教師群體試析」, 『雲南師範大學學報(哲社版)』 1989年 第4期, 101쪽; 儲德天, 『西南聯大知識分子共同體硏究』 上海師範大學 碩士論文, 2005, 9쪽 참조.

2 [美]費正淸, 費維愷編, 『劍橋中華民國史』 下卷, 中國社會科學出版社, 1994, 648쪽.

안만이 아니며, 그의 불행 또한 그의 성격 때문이 아님을 알 수 있다. 바진은 작품 속에서 왕원쉬안 이전에 있었던 또 다른 두 명의 죽음을 거론하며 그 뒤를 이을 죽음들을 암시하고 있는데, 이로써 그들의 운명이 개별적이지 않고 서로 긴밀히 연결되어 있음을 알 수 있다.

바로 이러한 관점에서 출발하여 필자는 『차가운 밤』에 등장하는 두 종류의 인물을 분석하려고 한다. 하나는 '사회'로부터 배척당한 인물이며, 다른 하나는 '사회'로부터 용인된 인물이다. 대부분의 등장인물들이 전자에 속하지만 정수성은 명확하게 후자에 속한다. 물론 그녀 역시 처음부터 이런 유형의 인물로 분류된 것은 아니었다. 바진은 정수성이 사회로부터 받아들여지는 과정을 상당히 세밀하게 묘사하고 있다. 그 과정을 따라가다 보면, 정수성의 생각과는 반대로 그녀에게는 자유롭고 행복한 삶을 선택할 그 어떤 권리도 없었으며, 오히려 '사회'가 그녀를 선택하고 풍족한 삶을 하사해줬음을 알 수 있다. 어느 쪽에 속하든 상관없이 『차가운 밤』에 등장하는 지식인들에게는 모두 선택의 자유가 없었던 것이다.

'사회'에 의해 배척당한 다수의 사람들

왕원쉬안, 그의 어머니, 탕바이칭(唐柏青) 등은 '사회'에 의해 소외당하고 버려진 지식인들이다. 과거 그들이 받았던 교육이 어떠했든지, 그들에 대한 주위사람들의 평가가 어떠하든지 간에, 이들의 운명은 이미 확정되었고 바꿀 수 없는 것처럼 보인다. 그들은 모두 살기위해 묵묵히 가난을 견뎌내고 체제에 부합하기 위해 최선의 노력을 다한다.

왕원쉬안은 회사에서 단조롭고 답답한 교정 업무를 보고 있다. 업무량은 어마어마하지만, 수입은 그야말로 쥐꼬리만 하다. 하지만 이처럼 형편없는 일조차도 "동향 사람의 힘을 빌어 얻은 것"이다. 회사에서 그는 항상 상사와 동료들의 무시를 당하나 이곳을 떠날 수 없다. 다른 동료들처럼 상사에게 아부를 떠는 것은 아니지만, 생존을 위해 어쩔 수 없이 회사가 요구하는 불합리한 일에 협조하기도 한다. 이 냉혹하고 어찌할 수 없는 현실 속에서 그는 절망에 빠진 채 천천히 고사(枯死)해간다.

게다가 빈곤으로 인해 갈수록 심각해져가는 어머니와 아내의 갈등은 그로 하여금 잠시도 편안함을 얻지 못하게 만든다. 그의 삶 속에 '이상'이라 부를만한 것은 일찌감치 흔적을 감췄고, 생명의 존엄함조차 사라지고 말았다. 어머니가 왕원쉬안을 위로하려고 영화를 보겠냐고 묻자, 그는 "지금의 지식인은 보잘것없는 사람들이에요. 영화를 보고 연극을 보는 것은 아편이나 쌀을 매점매석해서 돈 번 사람이나 할 수 있어요"[3]라고 대답한다.

이와 같은 지식인의 극단적 자기비하 심리는 작품 곳곳에서 찾아볼 수 있다. 그들은 항상 후회에 가득 찬 어조로 자기들의 신분

3 巴金, 『寒夜』, 人民文學出版社, 1983, 75쪽.

을 언급한다. 왕원쉬안이 공부를 한 것을 후회하듯이 그의 어머니 역시 같은 심정을 내비친다.

> 당초 내가 공부를 한 것이 후회스럽다. 더욱이 아범에게 공부를 시킨 것도 후회스럽고. 내가 아범의 일생을 망쳤구나. 나 자신도 망치고. 사실, 나는 행랑어멈이 될 자격도 없다.[4]

왕원쉬안의 모친이 받은 교육은 분명 아들과는 다를 것이나, 그 내용이 중요한 것은 아니다. 나이든 세대의 지식이든 젊은 세대의 지식이든 모두 현실에 의해 철저히 부정당하기 때문이다. 왕원쉬안의 친구 탕바이칭은 사랑하는 아내가 난산으로 죽자 매일 술에 절여 살다가 폐인이 된다. 고통과 두려움에 가득 찬 현실에 직면하여 그는 자기가 쓸모없는 지식인이라는 사실만을 탓할 뿐이다.

> 일생 동안 책 읽은 게 헛것이네. 이런 꼴이 되다니, 정말 생각도 못한 일이지.[5]

자살이나 마찬가지였던 탕바이칭의 죽음 이후 왕원쉬안은 그를 거의 잊고 살다가 아내 정수성이 보내온 이별편지를 받고 나서야 다시 떠올리게 된다. 함께 술을 마시던 술집에서 왕원쉬안은 탕바

4 『寒夜』, 121쪽.

5 『寒夜』, 84쪽.

이칭이 괴로워하던 모습을 기억하며 두 사람의 불행한 운명이 점점 일치하고 있음을 발견한다.

> 그는 앞에 누군가가 와서 앉는 기척을 느꼈으나, 고개를 숙인 채 술을 마셨다. 고개를 들어보니 아무도 없었다. '탕바이칭을 떠올렸군!' 중얼거리며 그는 눈을 문질렀다. 다시 고개를 숙였는데, 탕바이칭의 웃음소리가 들려왔다. '어찌 이런 지경에 처했을까?' 그는 경계경보를 들은 사람처럼 급히 일어나서 돈을 치르고 나갔다. 길에서도 탕바이칭의 그림자가 그를 계속 쫓아왔다.[6]

왕원쉬안의 무력한 탄식, 아들을 향해 쏟아내는 어머니의 고통스러운 심정, 탕바이칭의 후회와 자책은 모두 당시 지식인들의 처지가 어떠했는지 보여준다. 그들은 지식인이 행랑어멈만도 못한 보잘것없는 사람으로 전락했다고 여긴다. 그 때문에 죽음에 가까워진 왕원쉬안은 사는 것에 미련이 없는 듯 "사실 죽어도 좋죠. 이 세상에는 우리가 살 곳이 없어요"라고 고백한다.

하지만 이들은 두 가지 사실을 간과하고 있다. 첫째는 그들이 처한 불행한 현실이 결코 지식인에게만 해당되는 것은 아니라는 점이다. 전쟁이 일어난 후 중국 전역이 절체절명의 위기에 빠지게 되었고 공포로 가득 찬 현실을 피할 수 있는 사람들은 손에 꼽을 정도였다. 지식인과 일반인들의 생활수준이 크게 다르지 않았던

6 『寒夜』, 216쪽.

것이다. 빈곤, 질병, 몇 년이나 이어진 피난생활, 가족들과의 헤어짐 등 모두가 함께 겪은 전쟁의 경험은 지식인과 일반인들 간의 생활수준 차이를 아예 없애주었다고 할 수 있다. 같은 현실을 바라보지만 지식인 느끼는 절망이 더 심각하게 여기지는 까닭은 그들이 이전에 향유했던 삶과 현재의 격차가 크기 때문이었다. 1930년대 중국 도시 엘리트들의 수입은 노동자 계급의 10배 이상이었기 때문에 외식, 영화 관람, 댄스장 출입 등은 그들에게 흔히 볼 수 있는 취미생활이었다.[7] 왕원쉬안 가족이 전쟁 이전의 삶을 회상하는 부분에서 이 사실을 확인할 수 있다.

> 전에 상하이에 있을 때는 오늘날 이런 생활을 하리라고는 꿈에도 생각지 못했는데. 그때 우리 머릿속에는 이상이 가득 찼었죠. 우리가 꿈꾸던 교육활동이나 농촌과 가정의 교육사업 등등.[8]
>
> 최근 몇 년의 일이지. 예전에는 이러지 않았는데. 이전에 나와 수성, 어머니, 샤오쉬안(小宣: 왕원쉬안과 정수성의 아들)은 모두 이렇게 살지 않았는데.[9]
>
> 수성은 사랑과 그 밖의 모든 것을 가져가버렸는데, 대학시절의 꿈, 결혼 생활의 달콤함, 전쟁 전 교육사업 계획, …… 모든 게 사라지고 끝나버렸는데![10]

7 黃德志, 『20世紀30年代海派文學研究』, 江蘇教育出版社, 2008, 103쪽.

8 『寒夜』, 25쪽.

9 『寒夜』, 64쪽.

10 『寒夜』, 178쪽.

위 고백들을 통해 주인공 가정이 이전에는 희망에 가득 찬 생활을 했음을 알 수 있다. 하지만 왕원쉬안과 정수성의 기억은 전혀 구체적이지 않다. 교육사업은 그들이 추구했던 이상이었지만 실현된 적이 없고, 그들이 전쟁 전 어떤 일에 종사했었는지, 매일 어떻게 지냈는지에 대해서도 알 길이 전혀 없다. 이런 모호한 묘사에 근거하여 독자들은 전쟁 전 이 집안이 부유하진 않지만 생활의 기본적인 수요는 충분히 감당할만했고, 지식인의 존엄성을 잃지 않을 정도의 삶을 살았을 것으로 유추할 뿐이다. 실제로 1930년대 상하이는 출판업과 언론사업이 성황을 이루어 관련 업계에 종사했던 지식인들이 직장을 찾거나 생활을 하는 데에 큰 어려움이 없었다. 당시 기록을 살펴보면, 상하이의 "편집장들은 대체로 40-100, 주필은 200-400, 대학교수는 400-600, 부교수는 260-400, 강사는 160-260, 조교는 100-160, 중등교수는 50-140, 소학교 교사는 30-90위안 사이의" 월수입을 벌었는데, 물가는 "백미 한 말에 1.196, 청경채 0.014, 돼지고기 한 근에 0.269위안 정도"[11]에 불과하여 관료나 매판 자본가에 비할 바는 아니었지만, 지식인들이 넉넉한 삶을 영위하는 데에는 부족함이 없었다. 작가가 전쟁 전 왕원쉬안 가정의 생활수준을 두루뭉술하게 묘사한 것은, 당시 수많은 지식인 가정의 보편적 상황과 정서를 대변하게 하기 위함인 듯하다.

11 「上海零售物價表」, 『上海物價月報』 1935年 第2期, 19쪽.

둘째는 인생의 길을 선택할 권리가 지식인에게 있는 것이 아니라, '사회', 즉 왕원쉬안이 말한 '이 세계'에게 있다는 것이다. '이 세계'야말로 극소수의 사람들을 선택하여 자신의 총아(寵兒)로 삼을 권리를 갖고 있었다. 왕원쉬안의 동료 중라오(鍾老)는 회사 내에서 그의 유일한 친구이다. 중라오는 말씨가 온유하고 다른 사람에게 늘 관심을 보이며 남을 돕기에 힘쓴다. 타인에게 멸시받기 일쑤인 왕원쉬안과 달리 그는 직장 동료들과도 원만한 관계를 맺고 있다. 중라오가 콜레라에 걸려 병원으로 이송되었을 때, 동료들은 진심으로 그를 걱정한다. 심지어 전염을 이유로 왕원쉬안에게 퇴사를 요구했던 판(小潘)조차도 직접 그를 데리고 병원에 갈 정도였다. 그리고 중라오가 죽자 동료들은 함께 그의 묘지를 찾아가 애도의 뜻을 표한다. 이 모두가 회사 내에서 중라오의 위치와 그에 대한 동료들의 평가가 어떠했는지를 보여준다. 평상시 얼마나 건강하고 선량하며 주변 사람들과 잘 어울렸는지 등은 '이 세계'가 자신의 총아를 선정하는 기준이 아니다. 충칭시에 갑자기 불어난 다른 콜레라 환자와 마찬가지로, 중라오는 제때 치료를 받지 못한 채 더럽고 붐비는 병원에서 마지막 숨을 거둔다. 평상시 경멸의 눈빛으로 왕원쉬안을 바라보던 동료들 역시 예외는 아니다. 상사에게 아부도 잘하고 전쟁과 관련된 정확한 정보를 그때그때 얻는 등, 겉보기에는 장래를 도모할 줄 아는 사람들 같지만, 사실 그들 역시 사회로부터 선택받지 못해 고통스러운 운명에서 빠져나갈 방도를 찾지 못한다. 중라오가 병원에 실려 간 날 저녁, 왕원쉬안은 비몽사몽 중에 "중라오가 죽고, 심지어 회사 사람 모두가 죽는"[12] 꿈을 꾸는데, 이는 동료들의 미래 역시 암담하기 그지없음을 암시하고 있다.

'사회'에 의해 수용된 소수인

정수성은 작품 속에서 유일하게 사회에 의해 수용된 인물로 묘사된다. 그녀가 소위 '선택받은 이'가 된 것은 그녀의 재능 때문이 아니라 미모 덕택이다. 남편과 동갑인 삼십대 중반이지만 여전히 활력이 넘치고 젊음으로 충만한 그녀는 한 은행에서 '꽃병' 노릇을 하고 있다. 그럼에도 남편보다 훨씬 많은 월급을 받는다. 게다가 그녀보다 두 살 어린 천(陳)주임은 그녀의 환심을 사기위해 기꺼이 많은 대가를 치르려 한다. 천주임이 정수성에게 일본군의 진격을 피해 란저우(蘭州)로 함께 떠나자고 제안할 때, 정수성은 "여기엔 수천수만의 사람들이 있는데, 왜 나에게만 신경을 쓰는 거죠?"[13]라고 묻는다. 이 질문은 자신의 존재가 수많은 보통 사람들과 별 차이가 없다는 사실을 그녀가 잘 알고 있음을 의미한다.

그녀는 시어머니와의 갈등, 사랑하는 남편의 병과 자신의 불안한 미래 때문에 무척 괴롭다.

12 『寒夜』, 233쪽.

13 『寒夜』, 105쪽.

이것이 우리들의 생활이란 말인가. 영원히 밝아지지도 않고 영원히 죽을 수도 없이 그저 끌려가야만 하는가.[14]

정수성은 지금의 청춘이 속히 지나갈 것이고 당장 출로를 찾지 못한다면 이 어두운 현실을 벗어날 수 없다는 사실을 잘 알고 있다. 바로 이때, '사회'가 그녀만을 선택한 것이다.

젊고 능력 있는 천주임은 돈과 권력을 가진 인물로, 그 스스로가 사회 특권계층을 상징한다. 천주임의 구애와 이로 인한 정수성의 심경 변화는 '사회'에 의해 선택받은 인간이 탄생하는 과정을 보여준다. 처음 천주임의 제안을 들었을 때, 정수성은 냉정함을 잃지 않고 병으로 고생하는 남편을 떠올리며 가슴아파함과 동시에 자신에 대해서도 객관적인 평가를 내린다.

당신은 임무가 있으니 당연히 가야하지만, 내가 그렇게 빨리 가서 무엇을 하죠?[15]

그녀는 자신이 란저우 지점으로 가는 것이 은행의 이익과 전혀 관계가 없다는 사실을 명확히 알고 있다. 이때, '사회'는 란저우로 가는 것은 그녀의 선택이 아니라 사회가 베풀어준 은총임을 확실히 알려준다.

14 『寒夜』, 91쪽.

15 『寒夜』, 109쪽.

왜냐하면…… 왜냐하면 내가 당신을 사랑하기 때문입니다.[16]

천주임의 대답은 '선택받은 자'가 되기 위해 필요한 것이 개인의 인격, 혹은 공정한 경쟁을 거쳐 획득한 노력의 결과가 아님을 보여주고 있다. '사회'가 수천수만의 사람들 중에 자신의 주관적인 기준으로 극소수를 선택하면, 선택받은 이들은 그저 명령에 따르기만 하면 되는 것이다. 만약 그 명령에 반항할 경우, 고통에서 벗어날 기회는 영원히 사라지고 만다.

정수성은 이처럼 소중한 기회를 얻었음에도 천주임을 사랑하지 않기 때문에 결코 기뻐할 수 없었다.

그녀는 사랑하고 사랑받는 행복을 느끼지 못했다. 그녀는 줄곧 갈림길에서 방황하며 그 중 한 길을 택하고 싶었다. 하지만 결정을 내리지 못했다.[17]

그녀의 사랑은 여전히 남편 곁을 맴돌고 있었으나, 자유와 행복을 추구하고픈 욕망은 시시때때로 가정을 버리도록 그녀를 몰아붙였다.

이런 생활이 도대체 나에게 무엇을 줄 수 있을까? 내가 얻은 게 뭐지?

16 『寒夜』, 109쪽.

17 『寒夜』, 111쪽.

> 없어! 정신적으로나 물질적으로나 나는 하나도 만족스럽지 않아.
> 그녀는 자기도 모르게 고개를 저었다. 머릿속에는 몇 해 동안 쌓여온 고생과 불화가 가득했다. 귓가에는 남편의 피곤하고 비탄에 찬 소리와 시어머니의 증오에 찬 조소와 독설이 어렴풋이 들려와, 그녀의 생각은 또 점점 좁은 골목길로 접어들었다. 그곳에서 한 목소리가 들렸다. '나가자!'[18]

거듭된 고민 끝에 정수성은 결국 "그녀와 그들 사이에 더 이상 공통점이 없음을" 발견한다. 며느리를 의식해서 일부러 한의사를 부르는 시어머니, 돈을 아끼기 위해 병원에 가지 않으려는 남편을 보며 그녀는 '사회'에 의해 배척당한 사람들의 비참한 최후를 목격하는 것 같아 몸서리친다.

> 다른 사람을 구할 수 없다면 적어도 그녀 자신을 먼저 구해내야 한다. 그렇지 않으면 이 곳, 이 방에서 죽을 것이다.[19]

결국 이 비극을 피하기 위해 그녀는 자신을 구해내기로 결정한다.

란저우로 간 후 그녀는 왕원쉬안에게 이혼을 요구하지만 여전히 가족들에게 관심을 끊지 않고 매월 어음을 부친다. 이런 행동은 앞뒤가 맞지 않는 것 같으나 정수성의 심리상태를 잘 드러내고

18 『寒夜』, 139쪽.

19 『寒夜』, 158쪽.

있다. 그녀가 떠나고 싶었던 것은 남편이 아니라 출로가 없는 비극적인 현실이었던 것이다. 그녀는 그저 '사회'의 명령에 부응했을 뿐, 가족을 불행으로부터 건져낼 능력도 권리도 갖고 있지 않았다. 비록 이미 특권계층에 진입했지만, 배척당한 사람들과 마찬가지로 그녀도 '사회'의 부속품에 불과할 뿐이다. 왕원쉬안이 세상을 떠난 후 정수성이 충칭으로 돌아와 가족을 찾는 장면도 이런 맥락에서 이해할 수 있다. 그녀가 돌아온 것은 가정의 회복을 의미하지 않는다. 정수성은 그저 현실의 범주 내에서 전처와 어머니로서의 의무를 다하고자 했을 뿐이다. 왕원쉬안이 병사하고 시어머니와 아들 샤오쉬안의 행방이 묘연하다는 사실은 정수성에게 큰 충격을 안겨주지만 이런 결말을 예측하지 못한 것은 아니었다. "다른 사람을 구할 수 없다면 적어도 그녀 자신을 먼저 구해내야 한다"는 생각은 그녀에게 가정을 떠나는 정당한 이유와 용기를 제공해주었다. 어쩌면 그녀는 자신의 결정이 가져올 결과가 무엇인지 이미 알고 있었을 것이다. 단지 그 결과가 생각보다 빨리 가시화됐을 뿐이다.

흥미로운 점은 자유와 행복을 추구하며 떠났던 정수성이 정작 원하는 바를 얻지 못했다는 사실이다. 그녀의 마음은 계속 차디찬 길거리를 배회하고 있고, 행인들과 노점상의 말을 주의 깊게 들으며 그들의 불행한 처지를 떠나지 못한다. 이는 '선택받은 사람'의 운명조차도 대다수 사람들의 운명과 완전히 끊어질 수 없음을 보여준다. 많은 이들의 불행은 특권계층을 포함한 사회 전체에 영향을 미치게 마련이다. 이 때문에 마지막 장면의 정수성에게는 아직 미래의 일을 결정할 시간이 약간 남아있을 뿐, 정작 그녀가 필요로 하는 따스함은 어디에도 없다. 이 또한 선택의 권리가 없는 사람들이 공통적으로 느끼는 비애일 것이다.

지식인은 자주권을 가지고 있는가?

만약 사회로부터 선택받은 이가 정수성이 아니라 왕원쉬안이라면 그의 결말은 어떠했을까? 그는 아내 정수성과 다른 결정을 했을까? 아마 왕원쉬안의 결정도 정수성과 큰 차이가 없었을 것이다. 유약한 성격으로 인한 양심상의 가책이 더 컸을지는 모르나, 그가 가족의 곁에 남아 함께 멸망의 길로 갔을 가능성은 대단히 낮다. 정수성과 마찬가지로 그 역시 사회의 명령에 복종하여 "먼저 자신을 구원하는" 결정을 내렸을 것이다.

『차가운 밤』이 묘사하는 지식인의 비애는 개인이 아닌 '사회'에서 기인한다. 이 때문에 그들의 운명을 바꿀 수 있는 방법은 구사회질서를 타파하고 새로운 환경을 조성하는 것이었다. 5·4 지식인들은 이러한 사회개혁은 꿈꾸고 이를 위해 헌신했다. 하지만 오래 지나지 않아 그들은 자기들이 상상하는 새로운 사회를 건설하기 위해서는 지식인의 열정 외에도 강력한 정치세력, 풍부한 재정, 그리고 여론의 지지가 필요하다는 사실을 깨닫게 된다. 중일전쟁 이전에는 지식인들이 중심이 된 문화영역을 확보하고 그 속에서 각자의 이상을 견지하고 추구할 수 있었지만, 전쟁이 발발하자 지식인들이 자주권을 행사하던 이 작은 공간마저도 철저하게 훼멸되고 만다. 이때부터 그들은 '사회'의 손아귀에서 벗어날 수 없게 되어 거의 모든 선택의 권리를 상실하고 만다. 이러한 배경이 작가로 하여금 상술한 두 종류의 인물을 창조하고 그들의 불행한 운명을 서술하게 했을 것이다.

시선을 21세기로 옮겨와 이 문제를 다시 생각해보자. 현재의 지식인에게는 자주권이 있는가? 그들이 소유하고 누리는 것들은 단순히 자기의 노력에서 기인한 것인가, 아니면 '사회' 혹은 '시대'에 의해 선택 받은 결과인가? 만약 후자에 속한다면 지식인들은 이 문제를 어떻게 바라보아야 하는가? 지금도 선택받은 소수의 지식인과 선택받지 못한 다수의 지식인이 존재한다는 사실을 인정한다면, 부당한 사회 제도에 항거함과 동시에 지식인 스스로 자신의 영역을 구축하고 지켜나가기 위한 숱한 노력과 희생이 필요하다는 것도 인정해야 할 것이다. "먼저 자신을 구원하는" 방법은 타인을 향한 구원으로 이어지지 못할 뿐 아니라, 스스로를 온전히 구원하는 것도 아니기 때문이다.

참고문헌

바진, 차현경 옮김, 『휴식의 정원』, 문학과지성사, 2014년.

박난영, 『혁명과 문학의 경계에 선 아나키스트 바진』, 한울아카데미, 2006년.

巴金, 『隨想錄』, 人民文學出版社, 1980年.

____, 『寒夜』, 人民文學出版社, 1983年.

____, 『巴金全集』 第5卷, 人民文學出版社, 1993年.

____, 『巴金全集』 第10卷, 人民文學出版社, 1989年.

____, 『巴金和兒童文學』, 少年兒童出版社, 1990年.

____, 『巴金全集』 第20卷, 人民文學出版社, 1993年.

____, 『巴金譯文全集』 第6卷, 人民文學出版社, 1997年 6月.

儲德天, 『西南聯大知識分子共同體研究』 上海師範大學 碩士論文, 2005年.

黃德志, 『20世紀30年代海派文學研究』, 江蘇教育出版社, 2008年.

劉崇善, 「談巴金的童話創作」, 『朔方』, 1983年 6月.

牟書芳, 「一顆長期被冷漠的儿童藝術珍珠 — 讀巴金的童話集『長生塔』」, 『阜陽師院學報』 1984年 第4期.

李存光 編著, 『「家」「春」「秋」 板本圖錄研究索引』, 香港文藝出版社, 2008年.

李書磊, 『百年中國文學總系 — 1942 走向民間』, 1998年.

林碧珍, 「時代·幻想·詩情 — 評巴金的童話創作」, 『江西師範大學學報(哲學社會科學版)』 1985年 第3期.

「上海零售物價表」, 『上海物價月報』 1935年 第2期.

萬慧蓉, 「巴金童話創作初探」, 『西南民族學院學報(哲學社會科學版)』 1991年 第6期.

伍寅, 「童話世界里的兩顆童心」, 『廣西大學梧州分校學報』 第14卷 第3期, 2004年 7月.

徐開壘, 『巴金傳』, 上海文藝出版社, 1991年.

袁國友, 「西南聯大教師群體試析」, 『雲南師範大學學報(哲社版)』 1989年 第4期.

張小琴, 「論巴金的童話創作」, 『成都大學學報(社科版)』 2007年 第4期.

張耀輝, 『巴金和儿童文學』, 少年儿童出版社, 1990年.

朱勤, 「從『長生塔』看儿童文學的儿童性」, 『甘肅聯合大學學報』 第21卷 第2期, 2005年 4月.

[美]費正淸, 費維愷編, 『劍橋中華民國史』 下卷, 中國社會科學出版社, 1994年.